O PODER DO CARISMA

EDUARDO SHINYASHIKI

CONQUISTE E INFLUENCIE PESSOAS SENDO VOCÊ MESMO

Diretora
Rosely Boschini

Gerente Editorial
Rosângela de Araujo Pinheiro Barbosa

Assistente Editorial
Juliana Cury Rodrigues

Controle de Produção
Fábio Esteves

Preparação
Luciana Baraldi

Projeto Gráfico e Diagramação
Juliana Ida

Revisão
Vero Verbo Serviços Editoriais

Capa
Vanessa Lima

Imagem de Capa
Iris de Oliveira e Milles Studio |
Shutterstock

Impressão
Gráfica Rettec

Nota do editor: Foram feitos todos os esforços para obter as fontes das citações mencionadas aqui, mas há casos nos quais não foi possível localizar. Caso tenha alguma informação, por favor entre em contato com a Editora Gente.

Copyright © 2018 by Eduardo Shinyashiki

Todos os direitos desta edição são reservados à Editora Gente.
Rua Original, 141/143
São Paulo, SP – CEP 05435-050
Telefone: (11) 3670-2500
Site: www.editoragente.com.br
E-mail: gente@editoragente.com.br

Dados Internacionais de Catalogação na Publicação (CIP)
Angélica Ilacqua CRB-8/7057

Shinyashiki, Eduardo
    O poder do carisma : conquiste e influencie pessoas sendo você mesmo / Eduardo Shinyashiki. – São Paulo : Editora Gente, 2018.
    160 p.

Bibliografia
O poder do carisma 978-85-452-0239-4

1. Sucesso nos negócios 2. Carisma (Traço da personalidade) 3. Liderança – Aspectos psicológicos I. Título

17-0748   CDD 650.1

Índice para catálogo sistemático:
1. Sucesso nos negócios

Dedico este livro aos jovens que, na complexidade do mundo, enfrentam, com coragem e paixão, o desafio de caminhar em direção à autorrealização e à autodescoberta para reconhecer e viver o próprio carisma, natural potencial, e dar sentido à vida.

Agradeço a todas as pessoas que me ensinaram e me ensinam, com o seu exemplo, que viver o próprio carisma é um ato de amor pela vida.

E agradeço a você, caro leitor, pelo carinho, pela confiança e por estarmos juntos no caminho do aprendizado e da evolução. Por isso, quero lhe presentear com um curso on-line gratuito, para que esta jornada de descoberta do carisma seja ainda mais especial.

Para aproveitar o curso, basta acessar:

www.opoderdocarisma.com.br

SUMÁRIO

PREFÁCIO |11|

INTRODUÇÃO
CARISMA, UM GRANDE PODER
PRONTO PARA SE MANIFESTAR |13|

01 CAPÍTULO
UM PODER IMPACIENTE POR SE REVELAR |19|

02 CAPÍTULO
AFINAL, O QUE É CARISMA? |25|
- *PARA EXPANDIR SEU CARISMA* |30|

03 CAPÍTULO
CONSCIÊNCIA: DE ONDE BROTA
A ENERGIA DO CARISMA |33|
- *PARA EXPANDIR SEU CARISMA* |40|

3.1 Emoção: direcionar o rio
das emoções para realizar sua obra |41|
- *PARA EXPANDIR SEU CARISMA* |45|

3.2 Corpo e emoções: uma aliança rumo à felicidade |46|
- *PARA EXPANDIR SEU CARISMA* |51|

3.3 Empatia: a indissolúvel ligação entre empatia
e relacionamento humano |52|
- *PARA EXPANDIR SEU CARISMA* |58|

3.4 Humildade: o terreno onde juntos crescemos |60|
- *PARA EXPANDIR SEU CARISMA* |64|

3.5 Responsabilidade: uma grande oportunidade
de liberdade |65|
- *PARA EXPANDIR SEU CARISMA* |69|

3.6 Confiança inabalável: alicerce do carisma |70|
- *PARA EXPANDIR SEU CARISMA* |74|

3.7 Equanimidade: equilíbrio perfeito e inabalável |75|
- *PARA EXPANDIR SEU CARISMA* |78|

04 CAPÍTULO

AUTODOMÍNIO: SER MESTRE DE SI MESMO |81|
- *PARA EXPANDIR SEU CARISMA* |86|

4.1 Pensamento autodirecionado:
a sua assinatura de artista |88|
- *PARA EXPANDIR SEU CARISMA* |91|

4.2 Foco: a flecha atinge o alvo |93|
- *PARA EXPANDIR SEU CARISMA* |96|

4.3 Convicções: ímãs mentais |98|
- *PARA EXPANDIR SEU CARISMA* |102|

4.4 Julgamento: suspendê-lo
para observar e acolher o próximo |104|
- *PARA EXPANDIR SEU CARISMA* |106|

05 CAPÍTULO

COMUNICAÇÃO: A FORÇA CRIATIVA
DO CARISMA |109|
- *PARA EXPANDIR SEU CARISMA* |113|

5.1 Comunicação não verbal: o corpo fala
mais do que gostaríamos de dizer |115|
- *PARA EXPANDIR SEU CARISMA* |120|

06 CAPÍTULO

AÇÃO: DAR VIDA AOS SONHOS |125|
- *PARA EXPANDIR SEU CARISMA* |128|

6.1 Objetivos: pressupostos indispensáveis
para o sucesso do resultado |128|
- *PARA EXPANDIR SEU CARISMA* |132|

6.2 Flexibilidade: saber mudar
de rota para alcançar a meta |133|
- *PARA EXPANDIR SEU CARISMA* |139|

6.3 Gratidão: a chama acesa que tudo aquece |141|
- *PARA EXPANDIR SEU CARISMA* |143|

07 CAPÍTULO

O PESCADOR QUE PROCURA OS PEIXES |147|

REFERÊNCIAS BIBLIOGRÁFICAS |153|
SOBRE O AUTOR |157|

PREFÁCIO

A FAMÍLIA SHINYASHIKI É UMA FAMÍLIA MUITO UNIDA, MUITO VERDADEIRA e muito reflexiva. Uns cinco anos atrás, nós estávamos, todos os irmãos, almoçando juntos. E no meio da conversa nós começamos a falar sobre qual é a raiz do sucesso das pessoas, e cada um foi falando as suas ideias. De repente, o Du (é assim que nós chamamos o meu irmão Eduardo Shinyashiki) comentou:

– Beto, na minha opinião, a raiz do seu sucesso é a sua capacidade incrível de ser você mesmo, é a sua capacidade de ser especial, de ter algo somente seu, é o poder do seu carisma.

Isso me tocou muito forte, e eu fiquei pensando no quanto eu trabalho, quanto eu estudo, em tudo que consigo inovar, mas refleti: nossa, tantas pessoas trabalham intensamente, tantas pessoas estudam, tantas pessoas estão sempre se reinventando... Mas essa é a forma especial de alguém criar o sucesso duradouro.

Depois disso, o Eduardo e eu tivemos muitas conversas sobre o poder do carisma, o poder de ser você mesmo, o poder de colocar luz sobre a pessoa que você é. Eu sei que hoje em dia existem muitas ideias sobre sucesso, mas certamente trabalhar muito não garante sucesso. Basta pegarmos, por exemplo, um servente de pedreiro. Embora trabalhe muito, vai ser difícil até ele conseguir ter uma casa. Podemos ver muitas pessoas estudando muito, fazendo mestrado, doutorado, mas provavelmente elas não terão brilho. Pessoas que se reinventam, mas fazem isso sem a força interior.

É sobre isso que é este livro do Eduardo, *O poder do carisma*: é sobre você parar de brigar com a pessoa que você é, parar de tentar anular aquele seu cabelo maluco, parar de agir como um pinguim, porque o mundo está cheio de pinguins: pessoas que se vestem da mesma maneira, caminham da mesma maneira, produzem sons da mesma maneira. Para ter sucesso neste mundo, você vai ver que é preciso ser você, dar força à pessoa que você é.

Neste livro você vai poder ler não só o que o Eduardo ensina nas suas maravilhosas palestras e o que ele ensina em seus treinamentos. Você vai poder conversar com ele da mesma maneira que ele conversa com os irmãos dele, inclusive eu. Sou muito grato a tudo que o Eduardo Shinyashiki tem me ensinado nesta nossa vida, nesta nossa experiência de companheiros de viagem por este planeta Terra.

Este livro é obrigatório assim como é obrigatório você criar a oportunidade de conversar com o Edu. Que você curta muito esta viagem por este nosso planeta e assuma o seu brilho!

Um grande abraço,

ROBERTO SHINYASHIKI

PSIQUIATRA E PALESTRANTE, AUTOR DE BEST-SELLERS COMO *PROBLEMAS, OBA!*, *O SUCESSO É SER FELIZ* E *LOUCO POR VIVER*

INTRODUÇÃO

CARISMA, UM GRANDE PODER PRONTO PARA SE MANIFESTAR

VOCÊ CONHECE OU JÁ DEVE TER CONHECIDO PESSOAS QUE TÊM FORTE presença e magnetismo, que têm algo a mais, algo especial, difícil de decifrar, mas que se nota imediatamente. Pessoas com uma capacidade inexplicável de deixar melhor a vida das outras pessoas, de envolver os outros com o próprio brilho e sua energia. Elas emanam uma força diferente, dando-nos a impressão de que até o mundo lhes obedece, de que realizam seus objetivos de maneira mágica e que a vida delas flui suavemente.

Você também já deve ter vivido a experiência de participar de um seminário, simpósio de atualização profissional ou congresso e ter ouvido o mesmo assunto de modo mais ou menos interessante dependendo de como o profissional apresentou o argumento, envolveu a plateia, comunicou-se e interagiu com o público ou com os alunos, não é mesmo?

Conhece algum treinador que consegue extrair o melhor de seus jogadores até nas situações mais difíceis, que toca não só a mente, mas ao coração dos seus atletas?

Já teve um chefe que, no mesmo nível de competência e capacidade técnica de outros, conseguiu criar um clima de confiança, união e engajamento diferente na equipe que liderava; um profissional com quem dava vontade e satisfação de trabalhar, que fazia você se sentir orgulhoso de fazer parte do time dele?

E aquele vendedor que apresenta, com simpatia e alegria, as promoções a você?

Já esteve em uma loja, por exemplo, em que entrou alguém que lhe causou um impacto só com a presença?

Algumas pessoas têm a capacidade de reunir colegas, amigos ou familiares e criar naturalmente momentos alegres, afetivos e inesquecíveis, deixando marcas positivas e intensas lembranças nos outros.

Outras que, com seu sorriso, sua presença silenciosa e seus gestos gentis, nos inspiram, confortam e encorajam.

Tudo isso nos deixa curiosos e nos faz perguntar: Quem é essa pessoa? Como consegue isso? Que energia é essa que ela emana?

Em todos os contextos, sejam pessoais, sejam profissionais, encontramos pessoas que passam despercebidas, invisíveis, ou que criam até desconfiança, uma reação de alarme e distanciamento.

Nesses mesmos contextos, encontramos pessoas que têm um diferencial, que nos surpreendem, que fazem com que nos sintamos à vontade, que se fazem admirar e respeitar e com as quais iríamos a qualquer missão e dedicaríamos nosso tempo, pois foram capazes de tocar nossa alma e nosso coração, transmitiram-nos força e segurança.

O que será esse "algo" que desperta nas pessoas admiração, confiança, vontade de estar perto delas?

Analisando mais detidamente, verificamos que não se trata de magia nem sorte: essas pessoas têm um conjunto de comportamentos, de maneiras de ser, pensar, interagir e fluir no mundo, e com o mundo, que lhes confere esse magnetismo. Esses comportamentos são como as cores da paleta de um artista; elas podem se misturar entre si de modo diferente, em medidas, equilíbrios e texturas diferentes. Essas diferentes "cores" em uma pessoa criam estilos de comportamento únicos.

Afinal, como podemos chamar esse conjunto de comportamentos, esse jeito de ser, interagir e fluir no mundo de maneira especial e cativante? Podemos sintetizar tudo isso com uma linda palavra: *carisma*.

Todos somos capazes de identificar as pessoas carismáticas em nosso entorno. Entretanto, se pararmos um momento para pensar com base em que critérios realizamos essa ação, provavelmente não saberemos responder com clareza.

Assim, diante de uma pessoa brilhante e envolvente, costumamos afirmar que ela é uma pessoa carismática. Contudo, se perguntarmos o que isso significa, a resposta geralmente será: "não sei, mas é carismática".

Todos nós conhecemos pessoas inesquecíveis – uma amiga, um professor, um colega, um avô, um tio –, assim como conhecemos o legado de pessoas mundialmente reconhecidas por seu carisma, cada uma em seu contexto e sua missão, como Jesus, Leonardo da Vinci, Walt Disney, Madre Teresa de Calcutá, Nelson Mandela, Paulo Freire, Matin Luther King, papa Francisco, Richard Branson, Oprah Winfrey, Steve Jobs, Ayrton Senna e princesa Diana, entre muitos outros.

O carisma de uma pessoa pode se manifestar em diferentes esferas da vida humana e em diferentes grupos sociais. Dotados de carisma não são somente os grandes heróis, as pessoas famosas ou os grandes líderes. Carismática pode ser qualquer pessoa em qualquer contexto, pois cada indivíduo é único e tem a própria e sagrada história. Quando cada um se percebe e se respeita na sua unicidade, o seu brilho, a sua energia e a força do seu carisma se manifestam no mundo; em razão disso, é reconhecido e admirado pelas pessoas em uma dimensão ampla e social.

Ao longo do meu trabalho, ouvi pessoas de diferentes contextos e profissões – professores, líderes de empresas, esportistas, vendedores, gerentes, pais – fazerem as mesmas perguntas sobre o assunto e sempre com muita curiosidade:

Afinal, o que é o carisma? É algo que pode ser desenvolvido e aprimorado? Como posso descobrir e desenvolver meu carisma?

No decorrer das minhas experiências no universo do desenvolvimento humano e da minha história pessoal, o encontro da cultura oriental com a ocidental, que começou com a minha ascendência japonesa, ajudou-me a considerar essas questões sob diferentes ângulos e formar novas possibilidades de reflexão, entendimento e ação. Obviamente, minhas considerações estão em evolução; a jornada sempre continua, aprofunda-se, aprimora-se e completa-se com a experiência e a sabedoria únicas de cada indivíduo.

Nessa busca por autoconhecimento e novos aprendizados, encontrei pessoas importantíssimas para o meu crescimento – mestres, professores e líderes espirituais de diferentes culturas, do Oriente e do Ocidente – indivíduos dotados de muito carisma, com os quais aprendi a me olhar e a olhar o mundo com base em novas e diferentes perspectivas.

A observação das atitudes e dos comportamentos dessas pessoas, bem como a elaboração e a organização das reflexões que permearam esses encontros, resultaram no meu interesse pelo estudo do *carisma*. Entretanto, de um carisma diferente da acepção corrente desse termo. Um conceito de carisma que não depende de contexto social ou familiar para aumentar ou diminuir nem de aspectos como idade, beleza, dinheiro ou fama para existir.

Não é só uma questão de ter ou não determinadas capacidades, trata-se de algo mais. Não é um estado mental passageiro, mas um estado de força interior sólido, estável, fonte de ações sábias e eficazes e de sucesso duradouro. Trata-se de uma abordagem mais refinada, uma reflexão mais profunda sobre o carisma.

Estamos abordando um carisma "essencial", no qual o poder de sua presença se manifesta, em que a energia da pessoa é magnética, o coração e a alma estão presentes e se expressam em e por meio de seus pensamentos e ações.

Neste livro, quero compartilhar com você a elaboração de um material linha-mestra no meu trabalho de palestrante, consultor e facilitador de pessoas que querem exercer seu carisma e sua liderança carismática. Desejo que esta obra seja um instrumento para que você, leitor, possa fazer novas reflexões e descobertas, assim como implementar ações que o levem à realização e ao sucesso. Vamos caminhar juntos nesta jornada de descoberta do seu carisma?

CAPÍTULO 1

UM PODER IMPACIENTE POR SE REVELAR

CADA PESSOA, ÚNICA E EXTRAORDINÁRIA, POSSUI SEU CARISMA PESSOAL, assim como possui suas impressões digitais. No entanto, se todo ser humano dispõe de carisma, por que poucas são as pessoas conscientes de possuí-lo? Por que em algumas pessoas o carisma é tão evidente, e em outras não? Por que nos parece uma qualidade rara de encontrar e vivenciar?

Às vezes esse é um potencial que permanece latente em muitas pessoas porque elas não acreditam possuir os dons e as qualidades necessárias ao carisma e renunciam antes de utilizar seus talentos, deixando um vazio, um "buraco" no próprio poder pessoal. Assim, as forças mental e emotiva se enfraquecem e o magnetismo pessoal se dilui, fazendo essas pessoas acreditarem que são fracas, incapazes e confusas, distraindo-se e dispersando sua energia ao pensarem uma coisa enquanto fazem outra, perdendo a concentração e o foco.

O poeta e filósofo Gibran Khalil Gibran (1883-1931) disse:

> Sinto que há nas profundezas do meu coração uma grande força que quer manifestar-se, mas é ainda incapaz de fazê-lo. Há dentro de mim um poder impaciente por se revelar.

Todos nós temos carisma, porém poucos conhecem a maneira de desenvolvê-lo. Assim, permanece um potencial não manifesto, um "poder impaciente por se revelar".

No decorrer de minhas experiências, viagens, estudos e encontros com diferentes culturas, identifiquei alguns denominadores comuns às pessoas carismáticas, um fio condutor universal que direciona seus pensamentos, sua comunicação, sua postura e suas condutas, independentemente dos contextos em que vivem, e que permite a manifestação do seu carisma.

Ao longo deste livro, aprofundaremos esses aspectos. A intenção não é limitar o ser humano a esquemas, padrões e classificações, mas, por meio desses denominadores comuns, ajudar as pessoas a encontrar seu caminho autônomo em busca da liberdade de sua reflexão. São eles:

- **Consciência**: as pessoas carismáticas reconhecem a importância do caminho interior, do autodesenvolvimento, do aprimoramento dos pontos de força e das vulnerabilidades, da inteligência emocional, da empatia, da expansão da consciência de quem são e de como estão conectadas às outras pessoas e ao Universo. Como diz uma máxima atribuída ao filósofo e escritor James Allen (1864-1912): "Os seres humanos não atraem aquilo que querem, mas aquilo que são.". Então, se quisermos algo diferente na nossa vida, devemos em primeiro lugar transformar a nós mesmos. A pessoa carismática demonstra sua grandeza primeiramente como ser humano. O líder carismático é, portanto, antes de tudo, um ser humano autêntico, que compreende a si mesmo.

No contexto da consciência, aprofundaremos os seguintes argumentos: emoção, empatia, responsabilidade, confiança inabalável e equanimidade.

 Se quisermos algo diferente na nossa vida, devemos primeiramente transformar a nós mesmos.

- **Autodomínio**: capacidade de direcionar os pensamentos de maneira auto-orientada para criar intenções e objetivos coerentes com suas escolhas e seus valores. Reconhecer as próprias crenças como ímãs mentais, que influenciam a própria realidade, e saber transformá-las quando necessário. Suspender julgamentos limitantes e substituí-los pela capacidade de compreender e interagir com a realidade.

No âmbito do autodomínio, consideraremos: pensamento autodirecionado, foco; convicções e julgamento.

- **Comunicação**: o nível de consciência é expresso pelas palavras utilizadas e pela forma como estas são empregadas. O filósofo e escritor chinês Lao Tsé (604 a.C.-531 a.C.) dizia: "Cuida das tuas palavras, pois se tornarão as tuas ações". Por meio da palavra criamos a realidade em que vivemos.

  Trataremos da comunicação verbal e da comunicação não verbal considerando que ambas são indicotomizáveis; mesmo tendo características distintas, elas interagem entre si para definir a mensagem da comunicação. A pessoa carismática sabe utilizar a comunicação verbal e a não verbal de modo eficaz, com atenção às palavras e também ao tom de voz, às expressões faciais, aos gestos, à postura.

- **Ação**: é a capacidade de realizar e pôr em prática as intenções e as palavras. Ela vem depois da consciência, do autodomínio e da comunicação. Escolhi colocá-la como parte final do processo por constatar que, no conceito de carisma que estamos estudando, o *fazer* é uma consequência natural e espontânea de um *ser* preparado.

  Tendo clara a diferença entre as teorias e as experiências, a pessoa carismática transita do espaço das ideias para o espaço das ações. Saber as teorias não é suficiente; o caminho da realização só se torna real quando percorrido. Aprender a encontrar, cultivar, fazer desabrochar e compartilhar os próprios dons é provavelmente uma das coisas mais importantes que podemos fazer na nossa vida.

Na esfera da ação, aprofundaremos três aspectos: objetivos, flexibilidade e gratidão.

Os denominadores comuns apresentados neste capítulo serão trabalhados também por meio de exercícios e reflexões que você encontrará no final dos próximos capítulos, para lhe proporcionar uma experiência interior direta e concreta desses conceitos.

A VIAGEM PARA DENTRO DE VOCÊ COMEÇA AGORA. APROVEITE CADA MOMENTO!

CAPÍTULO 2

AFINAL, O QUE É CARISMA?

FREQUENTEMENTE O CONCEITO DE CARISMA É ASSOCIADO À MANIPULAÇÃO ou à sedução, ou a atitudes que mascaram as verdadeiras intenções da pessoa. O carisma do qual estamos falando não se refere a isso. É só estudarmos um pouco mais a fundo o seu significado para compreendê-lo melhor.

A palavra vem do grego khárisma, que deriva de kháris, cujo significado é "graça". Na mitologia grega, kháris era também como foram chamadas as Três Graças, deusas da felicidade e da beleza, símbolos da harmonia e da perfeição. A elas associava-se tudo o que promove encantamento, brilho e satisfação. Belíssimo ponto do qual podemos partir na nossa busca.

Na tradição cristã, a palavra significa "dom divino", "graça divina". Nas cartas do apóstolo Paulo, escritas por volta de 50 d.C., encontramos o que é considerado o primeiro uso escrito da palavra "carisma". Em sua Epístola aos Coríntios (12.4-6), o apóstolo Paulo escreveu sobre os "charismatas", fazendo referência a eles como "o dom da graça de Deus" ou o "dom espiritual" a ser colocado a serviço da comunidade. Outro inspirador ponto de partida.

Vários foram os autores que pesquisaram e estudaram o carisma, introduzido nas ciências sociais por Max Weber (1864-1920), na obra *Economia e sociedade* (1922), com base nos estudos de Rudolf Sohm (1841-1917) e Karl Holl (1866-1926).

Carisma é uma palavra cujos significados são, originalmente, elevados, sublimes. Na cultura moderna, eles se diluíram, mantendo muitas vezes um valor superficial e aparente. O que quero compartilhar com você é o retorno a uma base de reflexão que considera o ser humano único nos seus talentos e em sua percepção. Nessa perspectiva, o carisma é algo que não é privilégio de alguns ou direito natural de poucos, mas que todos nós temos. Podemos tê-lo mais ou menos desenvolvido, pois ele pode ser cultivado; é uma potencialidade que todos temos de nos tornar inesquecíveis e encantadores na própria unicidade. Quando essa unicidade, que caracteriza cada indivíduo, é reconhecida e desenvolvida por ele, ela emerge como força positiva, irradiando da pessoa a sua "marca" pessoal, o seu carisma.

O maior estresse vivido pelo ser humano – a fonte de todos os demais – é querer ser o que não é, tentar entrar em esquemas preestabelecidos e deformantes, seguir condicionamentos e modelos humilhantes. Quando reconhece sua unicidade, suas características e seus talentos, ele aceita a si mesmo. O carisma então se manifesta em toda a sua potência, sua autenticidade e sua liberdade. Esse é o seu estado natural de ser, que atrai e encanta as pessoas, pois se torna um espelho no qual podemos enxergar nossa unicidade e a permissão para explorá-la e desenvolvê-la com nossos talentos e aspectos específicos, saindo, dessa forma, da escravidão, do conformismo, indo em busca de nossa liberdade.

O CARISMA É ALGO QUE NÃO É PRIVILÉGIO DE ALGUNS OU DIREITO NATURAL DE POUCOS, MAS QUE TODOS NÓS TEMOS. PODEMOS TÊ-LO MAIS OU MENOS DESENVOLVIDO, POIS ELE PODE SER CULTIVADO.

O carisma essencial do qual estamos falando, baseado na autoaceitação, é, por definição, positivo, pois se refere à capacidade do ser humano de se conhecer na sua individualidade e de se perceber, ao mesmo tempo, como parte de um todo maior. Na sua base implícita de ética e reciprocidade, a pessoa carismática inspira-se a construir um "nós" e não somente um "eu", diferentemente da manipulação, na qual se busca apenas a vantagem do "eu" sem nenhuma consideração pelo "nós". Por meio da descoberta e do carisma, eu aprendo com você e você aprende comigo, em um movimento recíproco.

Assim como a felicidade depende mais do estado mental que de circunstâncias externas, também o carisma se desenvolve primeiramente no íntimo do ser humano, no trabalho de desenvolvimento pessoal, para depois se projetar para fora e, então, concretizar resultados.

Como a metáfora que todos conhecemos nos ensina que a semente, para germinar e florescer, precisa de um terreno adequado, Sol, água e cuidados, assim ocorre com o desenvolvimento dos nossos dons, pois eles também precisam de atenção e dedicação.

Lembro-me de ter lido no livro *Educare alla vita*, de Swami Kriyananda, uma história no prefácio escrito por Graziella Fioretti, cofundadora da associação italiana Educare alla Vita, na Itália. Nesse prefácio, Graziella contava de um homem de negócios que estava em uma reunião de trabalho e que, por vários motivos, teve de levar consigo sua filha de 7 anos. E ela o chamava continuamente e interrompia com frequência a reunião.

Diante dessa situação, o homem retirou de uma revista que ali estava uma folha que representava um mapa-múndi. Recortou a folha em muitos pedaços e desafiou a filha e recompor o mapa, como um quebra-cabeça. A menina então começou o trabalho: observou os pequenos pedaços coloridos, cheios de linhas e nomes, escritos e cortados. Sentiu-se confusa. Ela não conhecia tão bem a Geografia. Em determinado momento, por acaso, atrás de um pedaço dessa folha, ela notou um nariz. Virou outro pedaço e viu um dedo.

Outro pedaço e viu um olho. Entusiasmada, virou todos os pedaços e descobriu que cada um deles representava diferentes partes de um corpo humano.

Foi fácil para ela recompor a figura humana, porque ela a reconhecia. Rapidamente concluiu o quebra-cabeça. Colocou uma folha por cima dele e virou a imagem.

O mapa-múndi estava perfeitamente reconstruído! Orgulhosa de seu trabalho, chamou o pai e mostrou-lhe o quebra-cabeça completo. O pai, muito surpreso, perguntou-lhe como tinha conseguido. Ela então mostrou para ele a figura humana atrás e disse: "Foi fácil, pai. Olha. Eu simplesmente organizei o homem e automaticamente o mundo também foi organizado.".

Assim como a felicidade depende mais do estado mental que de circunstâncias externas, também o carisma se desenvolve primeiramente no íntimo do ser humano.

Quando li essa história pela primeira vez, eu me emocionei, pois de modo intuitivo reconheci a verdade da mensagem que criou imediatamente ressonância no meu coração e fez vibrar minha alma. Ela se alinhava à filosofia de ação na qual eu acredito e que não podia mais ser subestimada, pois se refere ao trabalho interior do indivíduo, sua organização interna e a construção de sua consciência e sua sabedoria.

Assim, eu me dei conta de que esse sempre foi o foco da minha busca: a harmonia interior do ser humano para harmonizar o mundo. Uma jornada na qual empreendi e que continuo trilhando, para me conhecer melhor e conhecer melhor o outro também. Dessa forma, juntos, podemos agir no mundo de maneira mais ética, equilibrada, próspera e feliz.

No meu transitar por diferentes culturas, percebi que o grande diferencial – a chave mestra que faz a diferença entre viver e sobreviver, entre encontrar a profundidade daquilo que se está fazendo e permanecer na superficialidade, entre viver todos os dias com sentido e viver na insignificância – é a atenção dada ao desenvolvimento do ser humano, a sua preparação para a compreensão de suas emoções, seus medos, suas crenças, seus ideais, seus propósitos, sua criatividade e suas potencialidades, suas dificuldades, suas aspirações; enfim, como funciona o seu mundo interior. Assim, a pessoa desenvolve sua capacidade de ir além dos fatos corriqueiros da vida, percebendo a possibilidade de agir no mundo e não só a de reagir às circunstâncias. O ser humano é, ao mesmo tempo, uma expressão física, biológica, psíquica, cultural, social e espiritual. O autoconhecimento é essencialmente uma experiência de aprendizagem que reúne todos esses aspectos.

PARA EXPANDIR SEU CARISMA

Exercício

Dedique um tempo para escrever algumas características sobre si mesmo e para si mesmo. Você pode começar respondendo às seguintes perguntas: Quais são os seus dons? Quais os seus pontos fortes? Quais as qualidades que as pessoas ao seu redor reconhecem em você? Quais os motivos pelos quais as pessoas apreciam sua companhia e confiam em você?

Filme, metáfora para reflexão

- *Um sonho possível* (2009), direção de John Lee Hancock.

CAPÍTULO 3

CONSCIÊNCIA: DE ONDE BROTA A ENERGIA DO CARISMA

É COMUM QUE, AO LONGO DA VIDA, AS PESSOAS PASSEM A VIVER DE MANEIRA automática, com uma lista de obrigações a serem executadas. Elas passam a acordar todos os dias para cumpri-las e a sobreviver a infinitas exigências e pressões externas e internas.

Com certeza você conhece pessoas que estão desperdiçando a vida por não vivê-la de modo significativo e pleno, encontrando justificativa na falta de tempo para não fazer uma autoavaliação e observar o que acontece dentro delas mesmas, o que sentem e o que querem verdadeiramente. Hoje em dia, para muita gente, parar e fazer essa autoavaliação parece perda de tempo, porque não há consciência de que o poder pessoal, o carisma e o magnetismo dependem diretamente do nível de autoconsciência, de permanecer acordado e desperto onde quer que esteja. Não adianta ter potencialidades se você não sabe que as têm. Não viva como um peixe que nada no oceano se perguntando onde está a água.

> **Quando expandimos a autoconsciência, começamos a ter mais clareza sobre nós mesmos e aprendemos a reagir de maneira mais rápida aos desafios da vida; assim, a mudança necessária se torna mais fácil.**

É dentro de nós que o carisma é gestado e desenvolvido para depois se manifestar no mundo exterior. A natureza do carisma se encontra no nosso interior, na nossa consciência.

O tema da consciência é amplo, complexo, tem pontos de vista diferentes e em contínua evolução. A perspectiva por meio da qual abordo o tema da consciência nesse contexto é referente à autoconsciência, isto é, a capacidade que o ser humano tem, às vezes não utilizada ou desenvolvida, de estar presente no momento, naquilo que está pensando, sentindo e vivendo e no contexto ao redor. Nesse sentido, o autoconhecimento se torna o meio para a expansão da consciência e o começo da sabedoria.

Há pessoas que não sucumbem às crises da vida, às quais as dificuldades e as tristezas não derrotam, ao contrário; as engrandecem e as levam a novos e mais elevados níveis. Por que será? Como isso pode ser explicado? É exatamente a expansão da consciência. Quanto mais evoluímos na percepção de nós mesmos e do mundo, mais facilmente compreendemos os sinais que a vida nos oferece para nos indicar que está na hora de mudar, trocar de direção, aprender algo.

Quando expandimos a autoconsciência, começamos a ter mais clareza sobre nós mesmos e aprendemos a reagir de maneira mais rápida aos desafios da vida; assim, a mudança necessária se torna mais fácil.

Nós somos seres conscientes. O simples fato de vivenciarmos uma experiência na nossa vida pressupõe que estejamos conscientes, só precisamos saber o nível de consciência que possuímos.

Podemos ter a experiência de um fato, porém não ter a compreensão sobre esse fato. Há pessoas mais conscientes do que está acontecendo com elas e no ambiente ao redor; por meio dessa compreensão, tomam decisões e escolhem ações apropriadas. Outras pessoas não têm o mesmo nível de consciência e muitas vezes não conseguem entender ou controlar suas emoções, não sabem lidar com elas, e isso resulta em um desequilíbrio interior, um estado de estresse e, consequentemente, em comportamentos destrutivos e ações confusas e ineficazes.

No filme *Tempos modernos*, do notável Charles Chaplin, é marcante a imagem viva de um homem que já não pensa, apenas realiza os movimentos do seu trabalho de maneira mecânica e inconsciente, como se a vida tivesse ganhado um ar de repetição sem possibilidade de volta. Nesse filme, Charles Chaplin interpreta um personagem que aperta um parafuso em peças que passam por uma esteira, de modo mecânico. De repente, ele se atrasa, sobe na esteira para tirar o atraso e é engolido pelo bocal da próxima fase, como se estivesse sendo engolido pelo sistema.

A inconsciência dele é mostrada logo a seguir, quando ele vai a um bar tomar um café após o trabalho e continua repetindo o mesmo movimento de rosquear o parafuso, sobre a mesa. Ele virou um boneco a pilha. Só para de repetir o movimento quando termina sua energia. Isso prova que ele não tem mais consciência do que realiza. A repetição, em si, não seria danosa se não houvesse a inconsciência. Não podemos chegar a um momento no qual já não nos damos conta do que estamos fazendo com a nossa vida e com os nossos sonhos porque viramos um componente de uma máquina.

Há pouco tempo, um executivo de uma grande empresa, bem-sucedido e com uma carreira brilhante pela frente, confessou para mim um grande sofrimento: já não conseguia mais trabalhar com entusiasmo, não se divertia como costumava há alguns anos, e, ultimamente, sua condição normal era o cansaço. Ele não conseguia mais ter uma visão inovadora de projetos, ideias originais ou ao menos motivadoras e empolgantes. Sentia que os atos criativos não estavam mais acontecendo, que estava preso à operacionalidade do cotidiano e ao simples "fazer". O brilho, a alegria e a energia contagiante que tinha antes estavam se esvaindo.

Não conseguia imaginar novos horizontes e criar novas possibilidades, estava se acomodando. Pior, estava vivendo a inconsciência de agir "no piloto automático", seguindo a mesma "trilha" e dando passos cada vez mais distraídos e repetitivos, muito perigosos para o sucesso do seu trabalho e para as suas relações. Essa queixa não é uma exceção, mas uma realidade que ouço com frequência no mundo corporativo.

E, enquanto essa trajetória se sucede, quantos momentos temos para refletir? Para fazer uma autoavaliação? Separar um tempo para pensar sobre nós mesmos sem a pressão de produzir resultados e sem a ideia de estar "perdendo tempo" e nos sentirmos culpados por isso? Reconheço que muitas vezes essa não é uma tarefa fácil.

A sabedoria dos antigos romanos nos ajuda a entender isso. Eles consideravam as pausas dedicadas a si mesmos uma condição fundamental para a abertura da dimensão criativa. Esse conceito era radicado na consciência individual e coletiva do antigo povo que reconhecia a ação dinâmica da reflexão. Sêneca (4 a.C.-65 d.C.), célebre escritor e intelectual do Império Romano, afirmava a importância da contemplação para fortalecer a capacidade de pensar antes de agir, para ter soluções importantes para os conflitos e o crescimento do negócio.

A atual redescoberta da filosofia dos monges beneditinos, de mais de 1.500 anos, também confirma uma mudança de perspectiva nos conceitos de liderança. Vários são os livros, como os do monge beneditino alemão Anselm Grün (1945-), que retomam os princípios inspiradores da "regra" de São Bento, *ora et labora* (reza e trabalha), fazendo um paralelo com o mundo empresarial e evidenciando a importância do equilíbrio entre o trabalho e a reflexão e a auto-observação, cultivadas pelos monges, como fonte de expansão da consciência e da percepção, da intuição e da regeneração, o que torna mais produtivo o nosso agir.

Nos retiros dos beneditinos, o propósito é este: desacelerar o passo, praticar o equilíbrio das energias, acalmar-se, esvaziar-se de pensamentos obsoletos para poder pensar de maneira nova e clara.

Todas as culturas antigas – grega, chinesa, romana, indiana –, cada uma na sua forma, ensinam que o equilíbrio é fundamental, comprovam a importância de equilibrar a *ação* com a *não ação* para estimular as ideias, dar espaço à liberdade intelectual e criativa e, consequentemente, dar forma àquilo que ainda não existe, mas que está na nossa imaginação.

 NÃO PODEMOS CHEGAR A UM MOMENTO NO QUAL JÁ NÃO NOS DAMOS CONTA DO QUE ESTAMOS FAZENDO COM A NOSSA VIDA E COM OS NOSSOS SONHOS PORQUE VIRAMOS UM COMPONENTE DE UMA MÁQUINA.

Nos anos 1990, eu viajava periodicamente para a Índia, à cidade de Pune, para viver na comunidade do mestre Osho (1931-1990), a qual, na época, era um centro fervilhante de encontro de pessoas do mundo todo com um objetivo em comum: tornar-se consciente por meio dos ensinamentos do mestre.

Ali, naquele local, respiravam-se amor, acolhimento e um convite contínuo de expansão de consciência. Toda vez que chegava à comunidade, eu tinha a oportunidade de fazer um mergulho profundo em mim mesmo, por meio das meditações. A energia utilizada durante a meditação é a consciência, e expandir a própria consciência significa estar presente, atento e observar os próprios padrões mentais e de comportamentos, ter uma autopercepção e se questionar em relação àquilo que está acontecendo consigo mesmo. Para mim, a meditação se tornou um caminho para fortalecer o equilíbrio interior, tomar certa distância dos afazeres cotidianos, mudar a perspectiva sobre mim mesmo e poder retornar ao mundo, mais limpo dos condicionamentos e mais forte para criar, trabalhar e viver.

Cada vez que deixava Pune e voltava para o Brasil, sentia que o caminho interior tinha me trazido as respostas e a energia para viver mais intensamente a minha vida. As circunstâncias e as variáveis da vida sempre existirão. Como o movimento das ondas do mar, que vêm e vão.

Compreendi que era continuamente convidado na vida cotidiana a participar de jogos como agradar sem agradar a mim mesmo, ser quem os outros esperavam que eu fosse, ter de ser forte. Tive a consciência de que não precisava participar de nenhum jogo, não precisava fugir do encontro comigo mesmo. Precisava me conhecer melhor, expandir o autodomínio e a consciência da minha responsabilidade comigo mesmo, com as pessoas ao meu redor e com o mundo.

Autoavaliar-se, reconhecendo o que se está sentindo e questionando se esse sentimento é bom ou não, se é possível mudar algo, como isso reflete na própria vida, na vida das outras pessoas e no planeta. Essa autopercepção é o meio para a expansão da consciência sobre quem somos e qual papel temos neste mundo.

Nesse sentido, a pessoa carismática sabe que a autoconsciência, que leva ao autoconhecimento, é a melhor ferramenta que ela tem disponível para se preparar, encontrar e desenvolver os recursos e as qualidades internas, para utilizá-las nas ações concretas e cumprir, assim, seu propósito de atingir os resultados que vão fazer a diferença na sua vida e na das pessoas ao seu redor.

PARA EXPANDIR SEU CARISMA

Exercício
Aparentar ou ser

Comecemos com uma autoavaliação. Essa reflexão é para identificar as formas não autênticas de viver e de ser. Pense em algumas situações em que você aparenta algo, mas na verdade está sentindo outra coisa. Por exemplo:

- *Eu aparento raiva, mas estou sentindo medo.*
- *Eu aparento força, mas estou sentindo insegurança.*
- *Eu aparento alegria, mas estou sentindo tristeza.*

Agora escolho ser (pense no que você escolhe ser). Exemplos:

- *Agora escolho ser mais autêntico.*
- *Agora escolho me conhecer melhor.*
- *Agora escolho aceitar meus sentimentos.*

- *Agora escolho aceitar minhas limitações e superá-las.*
- *Agora escolho me respeitar mais.*
- *Agora escolho proteger meu espaço.*
- *Agora escolho fortalecer minha autoconfiança.*

Finalize repetindo várias vezes – em voz alta ou mentalmente – as afirmações que você criou. Permita-se senti-las dentro de você, como parte de si mesmo. A repetição, envolvendo a emoção, é essencial no processo de aprendizagem e no estabelecimento de um sentimento de intimidade e coerência com a nova identidade e a criação de uma nova "programação" mental que sobrescreve a antiga.

Filmes, metáforas para reflexão

- *Boulevard* (2015), direção de Dito Montiel.
- *1984* (1984), direção de Michael Radford.
- *Eu queria ter a sua vida* (2011), direção de David Dobkin.

3.1 EMOÇÃO: DIRECIONAR O RIO DAS EMOÇÕES PARA REALIZAR SUA OBRA

Nada é mais prejudicial para o desenvolvimento do carisma e do magnetismo pessoal que a falta de autocontrole emocional. Pessoas que perdem a calma, o equilíbrio, a razão, que não medem as palavras e que provocam raiva e ressentimento nos outros não suscitam respeito, admiração e nem confiança.

O equilíbrio emocional do ser humano, no geral, é frágil. Ordinárias interferências são suficientes para perdermos o prumo: alguém passa na frente do nosso carro ou demora para partir quando o sinal está verde; ou não concorda com nossa opinião; ou nos atribui uma tarefa a mais no escritório. Assim, rapidamente entramos em uma frequência em que nossa resposta é a reação, a agressividade, a violência.

Uma das etapas da expansão da consciência é a percepção mais ampla dos próprios processos emocionais e de seu equilíbrio. Saber o que estamos sentindo nos ajuda a crescer e a evoluir no mundo. As emoções nos indicam aquilo que precisamos satisfazer, equilibrar ou transformar na nossa vida ou no que precisamos prestar atenção e evitar. No entanto, nem sempre é fácil compreender as emoções, menos ainda falar sobre elas e ter autocontrole.

Se até pouco tempo as emoções costumavam ser um mistério, com os estudos cada vez mais profundos da Neurociência e com o uso das novas tecnologias, gradualmente descobre-se o que está envolvido nas emoções e de que modo elas funcionam. Assim, temos a oportunidade de nos conhecer melhor e confirmar dados que antes só eram empíricos.

 As emoções nos indicam aquilo que precisamos satisfazer, equilibrar ou transformar na nossa vida ou no que precisamos prestar atenção e evitar.

Um ponto de partida que pode nos ajudar a entender melhor as emoções é conhecer a etimologia da palavra "emoção": ela provém do latim *emotus,* do verbo *emovère, (ex* = fora, para fora + *movere* = movimento). Literalmente, seu significado é "colocar para fora; mover; agitar". Então, a emoção tem a ver com movimento, comoção, agitação, trepidar do ânimo humano.

É a emoção que move o ser humano. As pessoas carismáticas sabem disso e são capazes de utilizar positivamente essa "força que faz mover e vibrar o ânimo humano" como uma energia que as motiva e as impulsiona a agir e a realizar.

As *emoções* se manifestam no corpo e por meio do corpo: mãos suadas, boca seca, coração disparado, borboletas no estômago, vermelhidão no rosto, tremores, tonturas etc. – um conjunto de sensações e reações somáticas. Por meio do corpo podemos sentir as emoções. Quando as percebemos conscientemente, podemos dar um nome a essa emoção, falamos então de *sentimento*: por exemplo, estou sentindo ansiedade, entusiasmo, medo, insegurança, alegria, compaixão, raiva etc.

Quando ficamos mais atentos àquilo que sentimos, podemos fazer uma avaliação mais precisa e esse reconhecimento abre as portas para comportamentos não mais automáticos e descontrolados e sim mais apropriados, direcionados, flexíveis, diferenciados e mais coerentes com os resultados que se deseja viver, dependendo, também, do contexto e das pessoas envolvidas.

Certa vez, quando terminei de realizar uma palestra em uma empresa, o presidente – um profissional muito bem-sucedido, muito determinado, focado, claro, preciso e direto nos seus posicionamentos e na sua comunicação – veio conversar comigo. Ele me confidenciou que algo o incomodava muito: quando chegava em casa, ele não conseguia "desligar da tomada" e desfrutar do momento de descanso, divertir-se, relaxar com sua família, sair do comportamento "profissional". O contexto familiar se transformava, assim, em uma pseudorréplica do palco do escritório e isso fazia sua postura ser considerada fria e distante pela sua família. A sua queixa era que não conseguia administrar as próprias emoções e utilizá-las quando queria e de maneira apropriada e plena. Ele continuava sendo mecânico, controlado e excessivamente conectado ao seu trabalho, quando, na verdade, ele queria relaxar, baixar a guarda, permitir o acesso ao seu mundo emocional e ao seu sentir e usar o coração na relação com sua família.

 É A EMOÇÃO QUE MOVE O SER HUMANO. AS PESSOAS CARISMÁTICAS SABEM DISSO E SÃO CAPAZES DE UTILIZAR POSITIVAMENTE ESSA "FORÇA QUE FAZ MOVER E VIBRAR O ÂNIMO HUMANO" COMO UMA ENERGIA QUE AS MOTIVA E AS IMPULSIONA A AGIR E A REALIZAR.

Durante a palestra, pela primeira vez essa dificuldade se manifestou claramente e com uma dimensão de urgência tal que o fez decidir com força e determinação, quase num impulso de sobrevivência, mudar o padrão automático e inadequado com a sua família; ele percebeu que estava nas próprias mãos o poder de fazer diferente, que cotidianamente era ele que tinha o poder de decidir sobre o que seriam o dia e a vida dele.

« O PONTO IMPORTANTE É SABER COMO POTENCIALIZAR AS EMOÇÕES POSITIVAS E APRENDER A TRANSFORMAR AS LIMITANTES.

Vimos que estímulos externos (eventos, pessoas, situações etc.) e internos (imagens, pensamentos, lembranças) desencadeiam emoções no ser humano, podendo ser essencialmente positivas ou negativas.

O ponto importante é saber como potencializar as emoções positivas e aprender a transformar as limitantes. Uma das características comuns das pessoas carismáticas é saber como fazer isso e estar abertas a empreender o caminho de conhecer melhor suas emoções, utilizando-as para se fortalecer, para evoluir e também para compreender melhor o outro e ajudá-lo a se empoderar e a manifestar o melhor de si mesmo.

PARA EXPANDIR SEU CARISMA

Exercício
Fazer, sentir e absorver a experiência

Quando você vivenciar um fato positivo, mesmo que simples, como caminhar no parque; apreciar um pôr do sol; comer algo de que você gosta; conversar com um amigo querido; finalizar uma tarefa; ler um livro, permita-se absorver as sensações positivas do fato. Permita que o fato se transforme em experiência. Como? Preste atenção a ele, não deixe que passe despercebido. Mantendo por uns trinta ou quarenta segundos a vivência da experiência positiva na sua consciência, o foco na experiência e na sensação, conservando na sua mente a experiência positiva, de modo que penetre profundamente em você, instalando-se no seu cérebro, moldando-o e construindo novos circuitos neuronais. Geralmente, o ser humano faz isso com as situações limitantes, remoendo-as, relembrando-as, ficando na sensação mais tempo que o necessário. Que tal usar esse potencial em prol de uma força transformadora?

Filmes, metáforas para a reflexão

- *Ma ma* (2015), direção de Julio Medem.
- *Questão de tempo* (2013), direção de Richard Curtis.

3.2 CORPO E EMOÇÕES: UMA ALIANÇA RUMO À FELICIDADE

Cada vez que algo ou alguém estimula uma reação no nosso corpo ou uma emoção, o nosso cérebro registra a experiência, a arquiva e a conserva na memória como suporte para eventos futuros. Se aquele evento desencadeou uma emoção no nosso corpo, significa que é algo importante e precisa da nossa atenção. Obviamente, quanto maior a emoção despertada, mais forte é esse mecanismo do cérebro de associá-la à situação e mais intensamente marcada no corpo fica a emoção. Como nos ensina o neurocientista português António Damásio (1944-), cria-se um marcador somático, no qual a emoção que o corpo sente vem associada àquele estímulo. Por exemplo, um medo muito comum, o medo de falar em público. Esse sentimento pode produzir emoções negativas no corpo de uma pessoa nessa situação: dor de barriga, suor frio, boca seca, náusea, nó na garganta etc., o que pode levá-la a determinada reação, por exemplo, desistir. O cérebro registra essas reações físicas e quanto mais intensas, mais bem registradas são. Desenvolve-se, assim, um marcador somático. Dessa forma, o cérebro já sabe como reagir em situações parecidas para não sentir essas emoções negativas, no caso do medo de falar em público, desistir será a saída encontrada.

Assim, o ser humano fortalece a tendência a viver em uma realidade que se constrói ao seu redor, com convicções, medos, hábitos, reações. Se não ficar atento, esse emaranhado de sentimentos e sensações se torna uma prisão. Escondido nesse espaço conhecido, em longo prazo, em vez de se sentir seguro, o indivíduo começa a sentir ansiedade crônica e insatisfação, medo do desconhecido, medo de ousar e de experimentar a vida.

O cérebro registra experiências e cria um banco de dados que servirá para produzir respostas rápidas e automáticas, em situações parecidas, de fuga ou de ataque, de aproximação ou de afastamento, dependendo se a emoção for positiva ou negativa. Quando a pessoa se encontra em situações parecidas, ressurgem no seu corpo as mesmas sensações; assim, aquelas experiências passadas tornam-se interferências para o agir no presente se a emoção for negativa ou tornam-se estímulos motivadores se a emoção for positiva.

Nesse momento o autoconhecimento é basilar. Sabendo como o nosso cérebro funciona, podemos usar essa estratégia extremamente inteligente em nosso benefício e torná-la nossa aliada. Se ficarmos atentos e fortalecermos as situações positivas, ou ressignificarmos as situações negativas, fixaremos profundamente as emoções positivas na memória, absorveremos as sensações e elas estarão à nossa disposição para outras ocasiões similares, fortalecendo a autoconfiança e a força interior.

Em 1992 elaborei o programa Namastê – programa de imersão para aprimorar as competências de autoliderança – no qual são desenvolvidas atividades para que os participantes superem situações simbólicas de desafios, com impacto emocional positivo intenso, de modo que essa emoção positiva de superação seja registrada profundamente no corpo como marcador somático e se torne disponível na vida cotidiana, permitindo-lhes sentir o poder interior disponível para ser colocado na realização dos seus projetos de vida, uma confiança até então desconhecida por eles mesmos.

Um ponto importante a ser lembrado é que os marcadores somáticos são desencadeados também pela imaginação e pelo pensamento. Se mantenho o foco em pensamentos limitantes, em situações negativas ou imagino que nada dará certo para mim, como já aconteceu no passado, os marcadores somáticos são ativados e começarei a estimular sensações alinhadas com o negativo, sentindo as mesmas sensações limitantes e começando a poluir os pensamentos também.

Por isso temos de ficar atentos à qualidade dos nossos pensamentos e das nossas imagens mentais. António Damásio desenvolveu o conceito do "Como se..." (*As If Body Loop*), que funciona no nosso cérebro como um simulador, "como se..." estivesse acontecendo a ação, criando imagens mentais dela. O marcador somático é ativado tanto na experiência real quanto nas imagens e na simulação mental.

SE FICARMOS ATENTOS E FORTALECERMOS AS SITUAÇÕES POSITIVAS, OU RESSIGNIFICARMOS AS SITUAÇÕES NEGATIVAS, FIXAREMOS PROFUNDAMENTE AS EMOÇÕES POSITIVAS NA MEMÓRIA.

Podemos usar desse conhecimento para nosso benefício. O cérebro mapeia os estados somáticos, mesmo que estes não derivem de uma experiência real e pessoal (pode ser imaginada ou ter outra pessoa como exemplo). O "como se..." de Damásio nos oferece uma ferramenta incrível para gravar sensações positivas e empoderadoras no nosso corpo, utilizando apenas a imaginação e a visualização. Os pensamentos seguem o padrão da energia da emoção estimulada, então, quando expandimos um estado interno de empoderamento, pensamentos coerentes se ativam e, consequentemente, ações e resultados também.

Por exemplo, quando a pessoa age sob a influência do medo, ela ativa um marcador somático da angústia, da ansiedade, da tensão, e tende a utilizar um padrão habitual de comportamento. Quando a pessoa está presa no medo, ela vive na confusão, no conflito e os comportamentos mais instintivos e os padrões repetitivos predominam, entrando na modalidade da programação "atacar ou fugir".

As reações habituais de pensar e de agir no modo piloto automático são conhecidas, previsíveis, e então, mesmo que não adequadas ou limitantes, tornam-se, a princípio, mais seguras e reconfortantes. Por isso não é tão simples mudar, pois a tendência instintiva do ser humano é de defender o que sempre foi "certo" para ele. Muitas vezes ele, metaforicamente, só transfere o peso de um ombro para outro, porém nenhuma mudança real acontece, o peso continua existindo. Dessa forma, sem uma autoanálise, uma autoexploração e uma atenção voltada para si mesmo, padrões mentais preestabelecidos se fortalecem, aperfeiçoando o que sempre foi feito. Isso deixa o ser humano seguro na própria visão de mundo, porém nem sempre realizado e feliz, com ainda muita "sujeira" varrida para debaixo do tapete.

O mecanismo do marcador somático é uma estratégia muito sofisticada do nosso cérebro, que nos ajuda em situações de perigo e também a poupar tempo e energia, porém ela generaliza as informações e pode nos fazer entrar no piloto automático, mesmo quando não é adequado nem necessário. Ao conhecermos como funcionamos, podemos direcionar e corrigir esse mecanismo, não só para a sobrevivência, mas para a felicidade e a realização, fortalecendo e consolidando a imagem mental de nós mesmos e da vida que queremos viver.

PARA EXPANDIR SEU CARISMA

Exercício

1. "Como se..." para criar emoções positivas

Imagine situações para desencadear emoções positivas, como se as estivesse vivendo no momento da realização do exercício.

Um exemplo: criar uma imagem mental de "Como se... *eu já estivesse sentindo a autoconfiança de que preciso*". Quais sensações isso desperta em mim? Ou "Como se... *eu tivesse a força interior que quero.*" Como me sentiria?

Crie suas imagens mentais e sinta o que acontece quando você tem essa qualidade disponível em você. Dedique um tempo a esse exercício de autovisualização.

2. Observar as emoções

"Quando uma emoção negativa, como raiva, angústia, medo etc., é disparada por qualquer estímulo interno ou externo, ela gera reações fisiológicas no corpo. Essas reações fisiológicas demoram noventa segundos (às vezes, um pouco mais) para se manifestar no corpo e, em seguida, se dissolvem e terminam."

DRA. JILL BOLTE TAYLOR, NEUROANATOMISTA E CIENTISTA.

> Após esse tempo, se a emoção limitante ainda se mantiver, é porque a estamos alimentando, isto é, mantendo o pensamento focado nela. Quando uma sensação limitante surgir, sinta-a e deixe a sensação se manifestar em você por mais ou menos noventa segundos, sem reagir. Em seguida, modifique seu pensamento, direcione a sua atenção para algo diferente e positivo, ative outros esquemas mentais. Experimente treinar isso no seu dia a dia. Sinta o que acontece.

Filme, metáfora para a reflexão

- *Os Croods* (2013), direção de Chris Sanders e Kirk DeMicco.

3.3 EMPATIA: A INDISSOLÚVEL LIGAÇÃO ENTRE EMPATIA E RELACIONAMENTO HUMANO

A falta de empatia em uma pessoa leva a características de comportamento que são o oposto do comportamento carismático. Por exemplo, a tendência a se sentir superior ao outro, a presunção e a dificuldade de se questionar, pois acredita que sua opinião é absoluta. A pessoa assume, então, uma postura de indiferença, distanciando-se do que o outro sente e de aprender com a lição de vida do outro. Por isso, ela não aceita críticas ou pontos de vista diferentes e reage a eles com raiva ou desvalorizando as outras pessoas. Não reconhece que os outros têm desejos, opiniões, sentimentos e necessidades próprios e, como consequência, os relacionamentos interpessoais, profissionais e pessoais tornam-se difíceis, não duradouros.

Empatia é um termo que deriva do grego *en-pathos*, "sentir dentro", referindo-se ao reconhecimento das emoções das outras pessoas como se fossem as suas. A empatia é, essencialmente, a capacidade de se pôr no lugar da outra pessoa, percebendo suas emoções; é a capacidade de ver o mundo do ponto de vista do outro e, assim, ter uma percepção maior do que está acontecendo. Por isso é a base para o relacionamento interpessoal e uma das importantes características das pessoas carismáticas.

Sobre a empatia, a descoberta dos neurônios-espelho realizada em 1994 pelo neurocientista Giacomo Rizzolatti (1937-) e sua equipe assume grande importância. Eles descobriram neurônios que espelham em nosso cérebro as ações que vemos nos outros, iniciando uma espécie de simulação interna daqueles atos. A simples observação dessas ações ativava as mesmas regiões, no cérebro dos observadores, que normalmente eram estimuladas durante a ação observada. Segundo os estudos conduzidos por Rizzolatti, essas reações são, portanto, ativadas quando alguém observa uma ação de outra pessoa, e permitem não apenas a compreensão direta das suas ações, mas também das suas intenções.

As emoções também podem ser espelhadas, pois, quando vemos alguém chorar, por exemplo, nossos neurônios-espelho refletem a expressão do sentimento que pode estar por trás das lágrimas e trazem de volta a lembrança de momentos que já vivenciamos. Os neurônios-espelho nos ajudam a compreender o que o outro está sentindo.

Existe uma ligação profunda, íntima e natural entre os seres humanos. A essa ligação dá-se o nome de empatia, uma das chaves para o relacionamento humano. É como se eu experimentasse o sentimento de que "Entendo você porque você é parecido comigo". Por isso os neurônios-espelho são também chamados de neurônios da empatia ou da compaixão. Através dos neurônios-espelho, ocorre um mecanismo de espelhamento automático para nos colocarmos no lugar do outro; uma espécie de empatia intuitiva, rápida e espontânea.

Alguns anos atrás, encontrei uma pessoa pela qual tenho uma admiração muito grande: Moisés Araújo, um ser humano muito querido, simpático e inspirador, que trabalha há mais de dezessete anos no Ceagesp, oferecendo sanduíches de pernil deliciosos.

Certo dia parei com a minha filha para comermos um dos lanches e, para minha surpresa, tivemos uma experiência memorável de atenção e simpatia. Desde aquele dia ela sempre me pede para retornarmos ao box do Moisés aos finais de semana.

Uma vez que estava conversando um pouco mais com ele, ouvi o que sempre ouço de pessoas carismáticas: que ele tinha aprendido muito com a vida, suas dificuldades e desafios, porém nunca desanimou ou desistiu, nunca perdeu a fé nas pessoas, mas tornou-se dono da própria história e construiu muito mais do que só o seu box de sanduíches.

A pessoa dele é o diferencial que encanta os clientes, visto que ele faz todos se sentirem muito bem, a sua preocupação constante é em criar vínculos e se relacionar com cada consumidor, com cada pessoa que passa por lá. O que me encantou foi um momento em que ele disse: "É isso que me dá a motivação para continuar na busca de ser uma pessoa melhor a cada dia, acertando mais e colocando amor em tudo o que faço, independentemente da área.".

Se passar pelo Ceagesp de São Paulo nos finais de semana, com certeza será uma experiência inesquecível passar pela coluna 13, onde fica o box do Moisés.

De acordo com Rizzolatti e Craighero (2004), o que caracteriza e garante a sobrevivência dos seres humanos é o fato de sermos capazes de nos organizar socialmente, e isso só é possível porque temos a propensão a entender a ação e a emoção das outras pessoas. A capacidade que temos de entrar em ressonância com o outro, de nos identificar em ações e emoções, abre-nos à compreensão, à cooperação e ao diálogo.

> **Existe uma ligação profunda, íntima e natural entre os seres humanos. A essa ligação dá-se o nome de empatia, uma das chaves para o relacionamento humano. É como se eu experimentasse o sentimento de que "Entendo você porque você é parecido comigo".**

A empatia, então, é uma capacidade humana que se manifesta não somente no âmbito mental ou de comportamento social e cultural, mas é uma modalidade de funcionamento do sistema nervoso. Fisiologicamente, temos um mecanismo biológico para criar sinergia e harmonia com os outros. Experimentamos o fenômeno da ressonância quando sentimos empatia por alguém e as emoções dessa pessoa vibram dentro de nós também. Essa habilidade é a base para as relações interpessoais, a comunicação e a aprendizagem.

Rizzolatti nos explica que nascemos com esse mecanismo biológico magnífico – os neurônios-espelho –, que fundamentalmente nos predispõem a fazer parte e viver em sociedade. Nascemos, então, inicialmente com uma atitude positiva em relação aos outros. Em um segundo momento, intervêm a educação, a cultura, o contexto etc.

Para o neurocientista V. S. Ramachandran (1951-), os neurônios-espelho e a empatia permitiram a evolução da humanidade, pois possibilitaram a comunicação com o outro, a aprendizagem e a transmissão do conhecimento por meio do exemplo e da imitação. Ramachandran chama os neurônios-espelho de "neurônios Gandhi", pelo fato de poderem eliminar a barreira entre mim e o outro.

O ponto importante é saber que podemos estimular a empatia ou podemos neutralizá-la. Quando julgamos alguém, quando nossos filtros limitantes bloqueiam a percepção da realidade, nós nos relacionamos com os rótulos, com as etiquetas, com os filtros e não com as pessoas. É isso que bloqueia a capacidade de ter empatia. As pessoas se tornam "coisas" e, assim, facilmente desativamos os neurônios-espelho. Por exemplo: se olho para o meu pai e mentalmente o rótulo de fraco e perdedor, vou me relacionar com ele conforme esse julgamento, deixando de perceber que esse homem também já experimentou dor, já teve sonhos, já sofreu, já realizou. Nesse ato de julgamento, ele é para mim somente a representação do rótulo, não enxergo sua totalidade e a sua complexidade.

A pessoa carismática usa a empatia para compreender o outro e para ajudá-lo e inspirá-lo a perceber seu verdadeiro potencial.

Muitas vezes as pessoas operam muito abaixo da sua real capacidade e, quando são inspiradas a olhar sua força, reencontram o entusiasmo e reconhecem os próprios dons, qualidades e talentos dentro delas; reconhecem o próprio carisma.

Inspirar é diferente de interferir. Inspirar vem do latim *in--spiro = soffio dentro; inspirare*, "colocar o ar para dentro, inalar"; metaforicamente, significa "colocar ideias ou sentimentos para dentro do outro". O líder carismático, por exemplo, sabe que guiar as pessoas significa inspirá-las, e não forçá-las. Significa permitir que elas se elevem acima de "seus ombros" para crescer e viver realizações e sucessos. Tenho certeza de que você já encontrou pessoas assim, capazes de fazê-lo enxergar seus horizontes de maneira clara e que, mesmo perdendo-as de vista pelos diversos caminhos da vida, jamais as esquecerá.

A pessoa carismática respeita o poder pessoal de cada um; não interfere no comportamento do outro. Ela pode inspirar, estimular, fazer vibrar o coração do outro, deixando-o receptivo ao seu exemplo, mas é o outro que responde do seu jeito, que elabora da sua forma, que usa seu poder pessoal para decidir. É como uma música que começa a tocar: ela inspira a todos, mas cada pessoa é tocada de modo diferente.

Quando falamos de empatia, a palavra-chave é *nós* e não *eu*. Ou como nos ensinam estes maravilhosos conceitos da filosofia africana Ubuntu: "Uma pessoa é uma pessoa por causa das outras pessoas."; "Sou o que sou pelo que nós somos."; "Eu só existo porque nós existimos.".

A filosofia Ubuntu baseia-se no respeito, na solidariedade, na cooperação, no acolhimento, na generosidade entre as pessoas e em tudo o que se refere a harmonia e equilíbrio entre o próprio bem-estar e o de todos à nossa volta. Como disse

Nelson Mandela: "Não significa que uma pessoa não se preocupe com o seu progresso pessoal. A questão é: o meu progresso pessoal está a serviço do progresso da minha comunidade?".

O poder carismático dos samurais também se baseia nas qualidades da cooperação e da compaixão como parâmetros para esses guerreiros viverem e morrerem com honra. No antigo código de honra dos samurais, o *Bushidô*, encontramos que a força e o poder interior que um samurai adquire no decorrer de seu treinamento e sua preparação são utilizados para a realização, principalmente, do bem comum. O samurai não mostrava a sua força de maneira agressiva e arrogante; pelo contrário, era a gentileza, a humildade e o respeito pelo outro que aumentavam seu sucesso e seu carisma.

PARA EXPANDIR SEU CARISMA

Exercício
Os três pontos de vista

Entramos em empatia quando reconhecemos que não existem posições estáticas, mas existem posições dinâmicas. Na Formação Power Professional que desenvolvi, utilizo uma ferramenta muito poderosa da PNL, as Posições Perceptivas. Essa ferramenta se fundamenta no pensamento sistêmico do biólogo e antropólogo inglês Gregory Bateson (1904-1980), segundo o qual há três pontos de vista para entender melhor o outro e a situação como um todo.

- **Primeira posição:** *eu mesmo.* Refere-se à sua realidade, sua visão e seu ponto de vista da situação. Em primeira posição, você está associado àquilo que pensa, sente e vê, a seus valores, seus filtros e seu modelo de mundo.

- **Segunda posição:** *o outro.* Refere-se à perspectiva da outra pessoa. Você está dissociado das suas perspectivas e está associado ao outro, ao modo de pensar, de sentir, de ver a situação, aos filtros e ao modelo de mundo do outro. Como é viver essa mesma situação sendo a outra pessoa?

- **Terceira posição:** *o observador.* Dessa posição podemos olhar de maneira objetiva a interação entre a primeira (eu) e a segunda posição (o outro). Nós nos autodistanciamos da situação. O autodistanciamento é uma característica especificamente humana. Diz respeito à "capacidade do homem de distanciar-se de si próprio" (Viktor E. Frankl, psiquiatra austríaco). Experimente perceber uma situação de conflito do ponto de vista dessas três diferentes posições. Anote suas considerações.

Filmes, metáforas para reflexão

- *Do que as mulheres gostam* (2000), direção de Nancy Meyers.
- *Desafio no gelo* (2004), direção de Gavin O'Connor.
- *Ponto de vista* (2008), direção de Pete Travis.

- *Os intocáveis* (2011), direção de Olivier Nakache e Éric Toledano.

3.4 HUMILDADE: O TERRENO ONDE JUNTOS CRESCEMOS

A empatia caminha de mãos dadas com a humildade. Não estamos no centro de tudo, mas fazemos parte do todo. Humildade significa reconhecer que estamos em cocriação com as outras pessoas e com o mundo. No *Bhagavad Gita*, texto sacro do hinduísmo, encontramos escrito: "Todos os atos são forjados unicamente pelas qualidades da natureza. O eu, iludido pelo egoísmo, pensa: sou eu quem faço". Não criamos nada em isolamento, mas na relação com o outro e com o Universo. O líder carismático, por exemplo, age seguindo esse princípio de cocriação com sua equipe; ele sabe que não realiza tudo sozinho, mas em um esforço de cooperação. Ele reconhece que, como diz um ensinamento atribuído a Baltasar Gracián (1601-1658), jesuíta e escritor, no século XVII: "O caminho da grandeza se percorre juntamente com outros.".

Faz alguns anos que me dou de presente encontros com o Pajé Tchydjio da tribo Kariri-Xocó. Ele é um líder espiritual indígenas de grande carisma e conhecimento e homem de cura das tradições indígena do Brasil. Os encontros com ele são sempre de muito aprendizado, cura e sabedoria.

Sua presença simples, natural, espontânea e coerente é uma contínua lembrança da conexão com a força da natureza e com a que habita em cada ser humano e da capacidade que cada um de nós tem para viver em sinergia e equilíbrio com ambas as forças, para realizar na vida tudo aquilo que é desejado.

No último encontro Tchydjio me falou: "O homem, com seu ego e sua arrogância, quer se colocar à frente da natureza, sem entender que o ponto não é medir forças com ela, mas conhecê-la, respeitá-la e trabalhar em comunhão com ela para colher os frutos desta cooperação".

Quando assisti à final da Champions League em 2011, tive a manifestação concreta da reflexão de Baltasar Gracián. Ao final da partida, Carles Puyol, capitão do Barcelona, não ergueu a taça como manda a tradição. Ao contrário disso, ele concedeu essa honra máxima a Éric Abidal, um de seus companheiros de equipe, que tinha acabado de passar por uma cirurgia para a retirada de um tumor no fígado apenas dois meses e meio antes daquela partida, na qual jogou. Naquele instante ficou claro para o mundo todo o que tornava aquele time tão fabuloso: os jogadores não estavam focados apenas na competição, mas na celebração da vida e em encontrar um sentido maior para as ações e como indivíduos. Em uma declaração após a partida, Puyol disse: "O momento no qual Abidal levantou o troféu da Champions League, pelo que significou, pelo que lutou enquanto estava na equipe, foi incrível. É muito difícil de explicar. Ele mereceu mais do que todos.".

O líder carismático sabe da importância de pedir ajuda quando está realizando algo e não consegue encontrar soluções para concretizar o que está fazendo. Não permanece apegado a uma liderança egocêntrica; tem consciência de que outra pessoa pode ter um nível de percepção diferente de determinada situação ou problema. Quando estamos abertos a ouvir o outro e colaborar, temos mais chances de encontrar soluções e, ao mesmo tempo, expandir nosso nível de conhecimento sobre aquele assunto, bem como nosso nível de realização.

O indivíduo carismático não permite que suas decisões e suas ações sejam guiadas exclusivamente pelo ego e reconhece que as pessoas são mais importantes que as coisas. Ele tem consideração pelas pessoas, ele as considera, quer dizer *cum-sidera*, que significa *cum*: "com", "junto" e *sidera*: "estrelas", "constelações", "astros"; "com os astros". Significa olhar o outro como se estivéssemos olhando uma estrela, algo muito importante.

De modo simples, podemos dizer que nossa identidade é formada por dois aspectos complementares: o ego e a alma. O ego é orientado pela sobrevivência, pelo reconhecimento, pela ambição, pelo apego e pela competição. O ego precisa ser relativizado e equilibrado na sua tendência a monopolizar tudo na perspectiva da competição e da ganância. A alma é orientada pelos propósitos, pela cooperação, pelo amor, pelo servir e pelo ser.

Quando encontrei o Gnani Purush Pujya Deepakbhai Desai, em São Paulo, em 2016, descobri o poder que há em estar na presença dele (Gnani Purush quer dizer "ser iluminado; aquele que tem a experiência completa do ser; alma pura manifestada"). Já conhecia um pouco da história do Gnani Purush Dadashri (1908-1988), que revelou ao mundo a ciência do Akram Vignan – o caminho sem degraus para a autorrealização e harmonia na vida cotidiana. O Akram Vignan nos ensina de maneira especial a diferença entre "eu" e "meu": o "eu" é a alma pura e o "meu" se refere ao apego ilusório do "eu relativo" do conjunto "mente-fala-corpo".

Movido por essas sensações, fui a Aurangabad, na Índia, onde está localizada a sede da Dada Bhagwan Foundation. No encontro especial com o Gnani Purush Deepakbhai, eu me senti completamente envolvido pela sua energia de empatia, de amor incondicional, de compreensão plena, de aceitação e de gentileza.

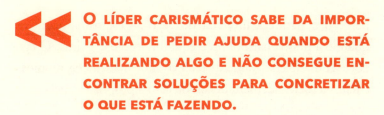

« O LÍDER CARISMÁTICO SABE DA IMPORTÂNCIA DE PEDIR AJUDA QUANDO ESTÁ REALIZANDO ALGO E NÃO CONSEGUE ENCONTRAR SOLUÇÕES PARA CONCRETIZAR O QUE ESTÁ FAZENDO.

Lá passei vários dias maravilhosos de aprendizagem e evolução, nos quais tive a possibilidade de encontrar pessoas de várias partes do mundo e estar em profunda comunhão com mais de 15 mil pessoas que participaram desse retiro para se aprofundar ainda mais na ciência do Akram Vignan. O incrível é sentir que a presença carismática do Gnani Purush convidava suavemente cada uma dessas pessoas a encontrar dentro de si mesma a "consciência do ser" e a se perceber como "alma pura". Durante os discursos espirituais (*satsangs*), quando ele se aproximava e entrava no espaço do retiro, uma onda de paz e uma sensação de acolhimento me envolviam; um sentimento de confiança e certeza emergia dentro de mim.

Quando tive a oportunidade de conversar com diferentes pessoas, pude constatar que todas tiveram a mesma experiência de autorrealização. Parece que a existência me presenteou ainda mais me fazendo encontrar, naqueles dias, pessoas únicas e carismáticas, como Dimple Mehta, Shirish Patel e a querida Alicia, que fazem parte do *staff* direto do Gnani. Esse encontro mágico ficará no meu coração, assim como nele estão Adriana Ayako Fujita, Danielli Cristine, Elizabeth Dias Oliveira e Marcia Nelia Garcia.

O encontro com o Gnani Purush me fez perceber a importância de buscar quem realmente somos, o verdadeiro eu, a morada de felicidade infinita. Com a consciência da "alma" percebo a natureza limitada do "ego". O carisma acontece quando a pessoa harmoniza e equilibra o ego e a alma. O ego deve ser usado criativamente para viver de maneira harmoniosa e feliz na sociedade, sem deixar de lado a própria essência.

PARA EXPANDIR O SEU CARISMA

Exercício
Aquilo que recebemos é um reflexo do que oferecemos.

Sentado confortavelmente, direcione a sua atenção para as seguintes frases:
Assim como ofereço, assim recebo.
Ofereço amor e assim recebo.
Ofereço felicidade e assim recebo.
Ofereço paz e assim recebo.
Ofereço cura e assim recebo.
Ofereço energia e assim recebo.
Ofereço alegria e assim recebo.
Ofereço compreensão e assim recebo.
[...]
Fique à vontade para acrescentar mais itens a essa lista.

Filmes, metáforas para reflexão

- *Uma longa viagem* (2014), direção de Jonathan Teplitzky.
- *A árvore dos sonhos* (1994), direção de Jon Avnet.

3.5 RESPONSABILIDADE: UMA GRANDE OPORTUNIDADE DE LIBERDADE

Às vezes, diante de dificuldades e das pressões da existência, o ser humano age como um avestruz: enfia a cabeça na terra desejando não ser visto e, assim, espera evitar assumir suas responsabilidades, ansiando desesperadamente que alguém resolva a situação e assuma a responsabilidade no lugar dele. Outras vezes ele atribui aos outros ou ao destino a responsabilidade pelo modo como se sente, por seus fracassos e suas dificuldades, acreditando-se constantemente injustiçado, incompreendido, azarado e infeliz.

Entre casais, às vezes quando falam ao outro: "eu te amo", essa frase, na verdade, vem com um subtítulo oculto: "estou lhe confiando a inteira responsabilidade pela minha felicidade, cuidado com o que você vai fazer, estou de olho", "você será o responsável pelo modo como vou me sentir".

A dificuldade em assumir a responsabilidade pelas próprias ações, pelos sentimentos e pelos pensamentos cria situações difíceis de ser resolvidas, confusas, ambíguas, nas quais se culpa o outro e se instaura um contínuo empurra-empurra de responsabilidade, de ações e decisões.

Vimos no tópico anterior que a palavra-chave quando falamos de empatia é *nós*, e não *eu*, porém a consciência do "nós", não elimina a consciência do "eu" nem diminui a responsabilidade pessoal pelas próprias ações, só amplia a percepção e o ponto de vista, incluindo o outro, o contexto e o mundo. Dessa forma, a pessoa tem uma visão maior da realidade, e não só do próprio umbigo, sem egocentrismo, mas reconhecendo essa dança entre sua vontade, suas intenções e as variáveis externas do outro e do contexto. Cria-se, assim, o verdadeiro diálogo.

A pessoa carismática, quando percebe um problema, indaga sobre qual é a relação entre o problema e ela mesma, reconhece que existem múltiplas variáveis envolvidas no evento e assume a sua responsabilidade como uma das variáveis – na verdade, a única variável sobre a qual tem domínio por meio do poder de decidir e escolher.

Se vejo um buraco na rua em que estou caminhando, apesar de saber que não fui eu que fiz aquele buraco ali, para não cair nele, eu o contorno. Se vejo um poste na minha frente, que também não coloquei ali, para não me chocar contra ele, desvio o caminho.

A palavra "responsabilidade" vem do latim *respònsus*, particípio passado de *rispondere, respòndere*, e quer dizer, em um significado mais amplo, responder pelas próprias ações e por seus efeitos e se reconhecer como sujeito da ação.

A responsabilidade como princípio ético não é controle nem autorrecriminação, muito menos se culpar ou culpar os outros, pois isso é o mesmo que assumir a responsabilidade pelos próprios resultados. A recriminação paralisa, faz perder tempo, imobiliza-nos no mesmo pensamento de culpar a nós mesmos ou alguém, enquanto responsabilidade significa *responder com habilidade* à situação. É algo, então, dinâmico, em movimento.

A responsabilidade é a habilidade de responder com propriedade às situações em que nos encontramos. É comprometimento com o propósito, com os objetivos, consigo mesmo e com a vida. Não é um esforço, não é agir contra a própria vontade, mas é uma entrega àquilo que se está fazendo, uma sensação de estar cumprindo a própria missão e que não nos deve fazer sentir como uma obrigação. A responsabilidade é liberdade e satisfação. Assumir a responsabilidade é, portanto, um grande ato de liberdade.

Nesse sentido, a responsabilidade individual se refere não só às próprias ações, decisões e escolhas, mas também aos próprios pensamentos e sentimentos; torna-se comprometimento, "estar presente" corpo, mente e emoção, em seu propósito e objetivo, mantendo a energia no resultado.

No *Bushidô*, antigo código de honra dos samurais já citado aqui, quando um samurai expressava a intenção de determinada ação, essa ação já era, na prática, realizada. Para o código dos samurais, só existe um juiz: ele mesmo. Não se pode esconder nada de si mesmo. Honestidade e justiça não são esperadas de fora, elas têm de vir primeiramente de dentro. Expressar uma intenção e agir significavam a mesma coisa na visão dos guerreiros, não havia distância entre o pensamento e a ação, pois seu comprometimento com a própria palavra e com o resultado tinha de ser total. Essa coerência entre intenção, palavras e ações é o que mais definiu o poder carismático dos samurais.

Eles nos ensinaram também a importância de assumir a responsabilidade com o próprio estado interior, "mantendo o seu espírito alerta". Os samurais atingiam o estado de *zanshin* (*zan* = "manter", *shin* = "espírito"). Comprometidos com o próprio estado de consciência, alerta e, ao mesmo tempo, relaxado, o samurai treinava suas capacidades para desenvolver em si um estado de permanente vigilância ativa diante de uma ameaça, para poder estar presente e atento à situação sem, entretanto, estar tenso.

Todas as pessoas carismáticas que encontrei emanavam um grande poder que vinha de assumir responsabilidades pelos seus pensamentos, pelas suas escolhas e pelos seus comportamentos, em procurar a solução e não se perder na dificuldade, mas assumir de corpo e alma seus sonhos. Assumir a responsabilidade autêntica consigo mesmo, com sua equipe, sua escola, sua família, sua sociedade, seu planeta, motiva os envolvidos a abraçar o objetivo, fazer parte dele, entusiasmarem-se e comprometerem-se com ele.

Ao fim de um seminário de liderança que realizei em uma empresa, o proprietário dessa companhia me confidenciou sua reflexão em relação ao significado de responsabilidade. Ele me disse: "Edu, quero que essa palavra 'responsabilidade' seja mais que uma ação de marketing utilizada na declaração da missão da minha empresa. Quero ser responsável por dar um sentido àquilo que faço e proponho na empresa e aos colaboradores, para que essa palavra – responsabilidade – mencionada na missão, seja viva e crie consenso e participação de todos na realização dos objetivos. Não quero exigir nada dos outros que eu mesmo não esteja disposto a fazer". E finalizou: "Agora percebo que a responsabilidade é como uma dádiva, uma oportunidade de pôr minhas capacidades e qualidades em ação".

É de cada um de nós a responsabilidade de nos levantar e recomeçar quando somos atropelados pela culpa, pelas nossas falhas, por nossos deslizes e pelos acontecimentos da vida. Podemos viver como vítimas, na mesmice e cheios de justificativas, reclamando de tudo, ou podemos assumir a responsabilidade para permitir que mesmo as situações inesperadas da vida se transformem em oportunidade para nos tornar pessoas melhores, com confiança nas próprias capacidades, com coragem para sair do anonimato e mostrar o próprio brilho. Em vez de brigar com a escuridão, acenda uma luz. Viva intensamente o seu brilho e realize os seus projetos de vida.

PARA EXPANDIR SEU CARISMA

Exercício

1. Abrindo uma porta

É nossa a responsabilidade de nos preparar e nos antecipar às situações e aos desafios da vida. Toda vez que você abrir uma porta para entrar em um local, quando está com a mão na maçaneta, expanda uma sensação positiva dentro de você. Escolha uma sensação positiva importante para você, por exemplo, entusiasmo ou autoconfiança. Sinta essa sensação dentro de você, lembrando-se de alguns momentos em que sentiu isso ou lembrando-se de alguém que inspire essa sensação em você e faça o "Como se..." estivesse sentindo a sensação naquele momento. Potencialize a sensação.

Quando abrir uma porta – atravessar uma porta tem também um valor simbólico, de entrar em um novo contexto, em um novo momento, buscando novos desafios –, esteja atento, lembre-se da sensação, sinta-a um instante e mantenha-a enquanto passa para o outro espaço. E assim faça toda vez que abrir uma porta, com a mesma sensação, até que, com o tempo, a ativação dessa sensação se torne natural e espontânea.

2. Perguntas que nos fazem retomar o poder da nossa responsabilidade

Escolha uma situação conflitante ou problemática e se pergunte: "O que eu estou fazendo para que essa

> situação perdure? O que estou deixando de fazer para que essa situação perdure?".

Filmes, metáforas para reflexão

- *Na natureza selvagem* (2007), direção de Sean Penn.
- *Depois da chuva* (1999), direção de Takashi Koizumi.

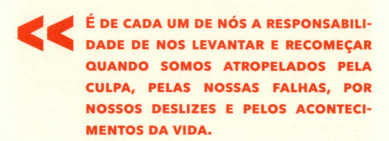

« É DE CADA UM DE NÓS A RESPONSABILIDADE DE NOS LEVANTAR E RECOMEÇAR QUANDO SOMOS ATROPELADOS PELA CULPA, PELAS NOSSAS FALHAS, POR NOSSOS DESLIZES E PELOS ACONTECIMENTOS DA VIDA.

3.6 CONFIANÇA INABALÁVEL: ALICERCE DO CARISMA

Você já encontrou alguém que parecia estar vivendo como se estivesse "morando de favor na própria vida"? Alguém que parecia estar com medo de incomodar, de não agradar, como se precisasse pedir licença e permissão para viver a própria vida, realizar seus sonhos, viver o amor, ser ele mesmo? Às vezes, um sentimento de inadequação toma conta das pessoas, como se elas não se sentissem confortáveis; nem à vontade na própria pele, nem satisfeitas com a própria existência. Como se elas se sentissem cada vez mais aprisionadas na própria autocrítica, insegurança, autodesvalorização e angústia de não conseguir expressar verdadeiramente a sua essência, os seus talentos e o seu propósito.

O medo de sofrer humilhação faz muitas pessoas recuarem, evitarem desafios e se esconderem das oportunidades, fugirem de um grande amor e se distanciarem da própria natureza, da unicidade, da beleza, do encontro consigo mesmas e com o próprio brilho.

Quando são internamente trabalhados e removidos as interferências, os impedimentos, as limitações, as convicções destrutivas, começa a emergir e a se delinear uma confiança inabalável, na vida e em si mesmo. A "casca" das nossas limitações se rompe e o poder interior se manifesta e desabrocha em toda a sua magnitude.

Ao limpar condicionamentos, medos e emoções negativas, abrimos espaço para cultivar outras coisas, como as qualidades e as competências pessoais. Como diz um ditado japonês: "Se você quer beber vinho, primeiro tem que jogar fora o chá do seu copo.".

A confiança inabalável não é arrogância ou soberba; ao contrário: é humildade e amor em relação a si mesmo e à vida. Não é autoafirmação excessiva que se manifesta como controle e dominação, mas um estado interno de certeza que se exprime na simplicidade da vida normal, nas ações cotidianas, natural e espontaneamente.

A pessoa carismática que nutre confiança inabalável não teme a dúvida, mas a usa para se questionar, para se fortalecer e amadurecer mais. Encara dúvidas e questionamentos e não faz de conta que não existem, nem se coloca na posição de quem sabe todas as respostas. Usa as dúvidas como oportunidades para aprender, transformar-se e ampliar sua opinião; toma as dúvidas como aliadas para subir um degrau na compreensão. Não se perde na dúvida, não esquece a sua meta. A dúvida se torna, então, o treino para a confiança inabalável.

Para alcançar a confiança inabalável não se deve temer o erro; ele deve ser utilizado como informação para reorganizar a rota, para aportar as mudanças necessárias. A pessoa carismática cuja confiança é inabalável entende o erro como algo que está mostrando a verdade da situação: alguma coisa não está dando certo e, então, é preciso verificar outra direção ou fazer ajustes.

A PESSOA CARISMÁTICA QUE NUTRE CONFIANÇA INABALÁVEL NÃO TEME A DÚVIDA, MAS A USA PARA SE QUESTIONAR, E PARA SE FORTALECER E AMADURECER MAIS.

O terreno fértil para a confiança inabalável crescer é constituído essencialmente pela capacidade de se aceitar, amar a si mesmo, reconhecer os próprios talentos, a própria força interior e a vontade de ir além dos pontos fracos e das problemáticas encontradas.

Nelson Mandela, na sua experiência de 27 anos de cárcere antes de se tornar presidente da África do Sul, ensina perfeitamente como a diferença na solidez da confiança inabalável não está nos fatos, nos acontecimentos externos, mas em como interpretamos esses fatos e reagimos a eles, incluindo-os em um propósito maior, como a luta pelos direitos humanos e pela dignidade humana, no caso de Mandela. Em seu discurso de posse, ele disse:

Nosso medo mais profundo não é que sejamos inadequados.
Nosso medo mais profundo é que sejamos poderosos demais.
É nossa sabedoria, nossa luz, não nossa ignorância, nossa sombra,
o que mais nos apavora.
Perguntamo-nos:
Quem sou eu para ser brilhante, belo, talentoso, fabuloso?
Na verdade, por que você não seria?
Você é um filho de Deus.
Seu medo não serve ao mundo.
Não há nada de iluminado em se diminuir para que outras pessoas não se sintam inseguras perto de você.
Nascemos para expressar a Glória de Deus que há em nós.
Ela não está em apenas alguns de nós; está em todas as pessoas.
E quando deixamos que essa nossa luz brilhe, inconscientemente permitimos que outras pessoas façam o mesmo.
Quando nos libertamos de nosso medo, nossa presença automaticamente liberta as outras pessoas.

Por meio dessas palavras podemos compreender mais um pouco sobre o carisma essencial: são a nossa luz e o nosso brilho que o definem; o que o determina é a coragem de mostrar os nossos dons ao mundo e compartilhá-los para junto evoluirmos. A confiança inabalável na vida e em si mesmo é uma qualidade a ser aprimorada que está à disposição de todos. Mantenha estas três frases na sua mente, como frases de poder; aproprie-se delas: *Eu posso. Eu sou capaz. Eu mereço.*

PARA EXPANDIR SEU CARISMA

Exercício
Automotivação, autopreparação e empoderamento

Permita-se lembrar de fatos, acontecimentos, realizações, objetivos, resultados que despertaram em você sentimentos positivos, de satisfação, alegria, amor, paz, prazer, entusiasmo, felicidade. Resuma em uma frase esses fatos e as emoções positivas neles envolvidas. Depois, relembre e reviva os acontecimentos ao máximo, permitindo que as emoções positivas penetrem profundamente em você.

Depois, escolha um fato intenso, marcante, e coloque por escrito o que aconteceu e as emoções que você sentiu com o máximo de detalhes que vierem à sua mente. Agora, escolha uma frase breve que resuma as sensações vivenciadas (ex.: Eu sou capaz e confio em mim mesmo.). Repita a frase internamente até senti-la intensa e poderosa dentro de você. Essa será uma frase de poder, uma "âncora" que, quando relembrada ou falada, desencadeará as sensações positivas experimentadas no fato e se tornará um ponto de apoio.

Filmes, metáforas para reflexão

- *Invictus* (2009), direção de Clint Eastwood.
- *Lendas da vida* (2010), direção de Robert Redford.

 Mantenha estas três frases na sua mente, como frases de poder; aproprie-se delas: *Eu posso. Eu sou capaz. Eu mereço.*

3.7 Equanimidade: equilíbrio perfeito e inabalável

Desde que comecei a trabalhar na Itália, em 1989, tinha um hábito de fazer um retiro anual na cidade de Assis, por ser devoto de São Francisco e pela magia dessa cidade. Em um desses retiros em Assis, em 1998, tive o prazer e a honra de ter como guia espiritual Claudio, um frei beneditino que me acompanhava durante os dias e com quem eu falava sobre diversos temas. Tornamo-nos grandes amigos. Um dia estávamos no Santuário onde viveu São Francisco e Frei Claudio começou a falar de equanimidade. Na época, eu não tinha muito claro o conceito. Ele me explicava que "equanimidade" vem dos termos latino *aequus*, que significa "equilibrado", e *animus*, que significa "espírito", "alma", então, o significado é "espírito equilibrado", "interior equilibrado". Refere-se ao estado de equilíbrio da mente e da alma, de paz, clareza e sabedoria. "Equanimidade é o equilíbrio da mente, perfeito e inabalável", ele dizia.

Enquanto caminhávamos pelo antigo caminho que leva à cidade, Frei Claudio, percebendo minha expressão pensativa e para me ajudar a compreender a equanimidade com mais clareza, disse-me: "Eduardo, pense em uma pessoa que não tem equilíbrio interior: de que modo ela age, reage, pensa e se sente? Considerar primeiramente o que não é equanimidade vai ajudá-lo a entendê-la melhor.". E completou: "Qualquer coisa que uma pessoa com uma mente confusa faça será confusa. Com certeza essa pessoa não terá clareza da direção do seu propósito de vida, freando, assim, a expressão do próprio carisma e a realização de si mesma.". Todos os outros dias que se seguiram foram muito especiais e me permitiram consolidar esse conceito na minha vida e na minha prática cotidiana.

Em Assis, confirmei uma observação de Albert Einstein de que poucas pessoas são capazes de expressar com equanimidade opiniões diferentes dos seus preconceitos e do seu contexto social. Viktor E. Frankl (1905-1997), fundador da escola da Logoterapia, afirmou que entre o estímulo e a reação, há um espaço. Nesse espaço residem nossa liberdade e o poder de escolha da nossa reação. Em nossa reação está nosso desenvolvimento e nossa felicidade. Esse é o espaço da equanimidade, onde estamos conscientes da correnteza, mas não nos deixarmos levar por ela. A equanimidade mitiga, então, as reações, privilegiando o agir correto e eficaz.

Dalai Lama nos esclarece: "Com equanimidade você lida com as situações com calma e bom senso, ao mesmo tempo em que mantém a felicidade interior". Gnani Purush Dadashri nos ensina por meio da ciência Akram Vignan, hoje representada por Gnani Purush Pujya Deepakbhai Desai, que é possível manter a equanimidade em todas as situações, reconhecendo sua natureza transitória, e alcançar a autorrealização.

Viver com equanimidade significa, então, ir ao encontro de todos os momentos da vida, problemas e alegrias, com igual respeito, compreensão e compaixão. Assumir o justo ponto de vista e a justa distância dos eventos, quando necessário. A pessoa está presente no mundo, mas não é perturbada por ele; ela consegue dizer não com a mesma serenidade com que diz sim. Isso não significa que não sinta mais as emoções, seja fria e desinteressada; pelo contrário: estando mais equilibrada, vivencia as situações com mais liberdade e verdade, sem os filtros pessoais que aumentam ou distorcem os fatos; sua perspectiva é mais "limpa" e, por consequência, mais sábia.

 Viver com equanimidade significa, então, ir ao encontro de todos os momentos da vida, problemas e alegrias, com igual respeito, compreensão e compaixão.

Por exemplo, não reage exageradamente a eventos negativos ou de dificuldades afundando em desespero e depressão, ou em raiva e agressão, nem aos eventos positivos com uma euforia que cega e não permite enxergar a realidade, mas vive mais centrada e inteira, autêntica e verdadeira no seu sentir, em equilíbrio da mente perfeito e inabalável, com serenidade de espírito.

O ponto central para aflorar a equanimidade na própria vida é compreender e aceitar que tudo está em contínua mudança. Estamos envolvidos na contínua transformação do Universo, de nós mesmos, do nosso corpo, estamos em movimento. Essa percepção nos convida a aceitar e a seguir o fluxo desse movimento, sem resistir ou nos apegar a ele, mas vivendo-o plenamente. À medida que fizermos isso, a felicidade se tornará cada vez mais incondicional e inabalável.

 O PONTO CENTRAL PARA AFLORAR A EQUANIMIDADE NA PRÓPRIA VIDA É COMPREENDER E ACEITAR QUE TUDO ESTÁ EM CONTÍNUA MUDANÇA.

PARA EXPANDIR SEU CARISMA

Exercício
Respiração com frases-guia

A respiração nos ajuda a permanecer mais tempo no espaço entre o estímulo e a reação, para melhor agir. Respire repetindo as frases por dez minutos ou mais. No final, perceba como você se sente:

- Enquanto você inspira profunda e suavemente, fale para si mesmo: *Estou vivo.*
- Enquanto expira, fale para si mesmo: *Sou vida.*

Outras frases-guia:

- Enquanto inspira, fale para si mesmo: *Estou vivo*.
- Enquanto expira, fale para si mesmo: *Sou pleno de energia*.
- Enquanto inspira, fale para si mesmo: *Estou vivo*.
- Enquanto expira, fale para si mesmo: *Sou sereno e tranquilo*.

Filmes, metáforas para reflexão

- *Jesus de Nazaré* (1977), direção de Franco Zeffirelli.
- *Gandhi* (1982), direção de Richard Attenborough.

CAPÍTULO 4

AUTODOMÍNIO: SER MESTRE DE SI MESMO

QUEM NÃO TEM AUTODOMÍNIO, NÃO CONSEGUE ADMINISTRAR SUAS emoções, seus pensamentos e reage com impulsividade às situações, de maneira imatura e egocêntrica, sofre muito e faz os outros sofrer.

Hoje em dia, a rotina nos leva a viver como se nosso mundo interior não existisse; preocupamo-nos excessiva-mente com o mundo exterior. Os esforços e as energias são direcionados para o conhecimento e o domínio da realidade externa, enquanto não temos conhecimento nem domínio de nós mesmos e da nossa realidade interna.

A automaestria consiste em aprender a governar nossas emoções e nossos pensamentos nas mais diversas situações.

Como dizia o escritor e poeta Oscar Wilde (1854-1900):

> "Só os espíritos superficiais necessitam de anos para se libertarem de uma emoção. O homem que é senhor de si mesmo pode emancipar-se de um pesar tão depressa como é capaz de inventar uma distração. Eu não pretendo estar à mercê das minhas emoções. Quero usá-las, aproveitá-las, dominá-las."

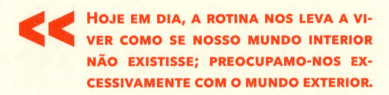

HOJE EM DIA, A ROTINA NOS LEVA A VIVER COMO SE NOSSO MUNDO INTERIOR NÃO EXISTISSE; PREOCUPAMO-NOS EXCESSIVAMENTE COM O MUNDO EXTERIOR.

E como aprender isso se somos submetidos a todo momento a pressões e exigências que nos levam ao desequilíbrio emocional? O autodomínio pressupõe a descoberta de si mesmo, o ato ou efeito de decidir por si mesmo; é a livre escolha do próprio destino. Como o autodomínio se desenvolve por meio do autoconhecimento, podemos começar o percurso conhecendo um pouco mais sobre nosso cérebro e, em particular, sobre sua neuroplasticidade, característica que permite que o sistema nervoso em desenvolvimento se adapte ao seu meio ambiente e às experiências.

Até pouco tempo atrás se pensava que depois da maturação do cérebro, até a adolescência, ele permanecesse igual durante a vida, até a gradual degeneração da velhice. A partir dos anos 1990, com as pesquisas do neurocientista Eric Kandel (1929-) – Nobel de Medicina em 2000 por descobertas que envolvem a transmissão de sinais entre células nervosas no cérebro humano –, a ideia de imutabilidade da estrutura do cérebro foi substituída pela confirmação de sua plasticidade.

Kandel descobriu que, quando o ser humano trabalha e transforma seu interior, suas crenças e suas emoções, seus condicionamentos e seus pensamentos, chegando a uma mudança profunda em sua maneira de sentir e viver, acontece uma modificação no cérebro: algumas conexões entre os neurônios são reforçadas. Isso, com a repetição e a intensidade emotiva das novas maneiras de ser, tornava-se estrutural.

Quando as pessoas aprendem a mudar, a fazer acontecer a mudança em si mesmas, como, por exemplo, por meio da leitura deste livro, o cérebro acompanha com mudanças estruturais que podem ser avaliadas diretamente, graças à evolução da tecnologia de imagens do cérebro, como a ressonância magnética ou *brain imaging*, que permitem observar a atividade cerebral em tempo real. Dessa forma é possível constatar a correlação entre um estado interno subjetivo e o que acontece no cérebro.

Isso foi estudado, em um grupo de taxistas de Londres, que precisam memorizar grande quantidade de informações sobre as ruas, em comparação aos motoristas de ônibus, que precisavam apenas memorizar determinados trajetos. Foi mostrado que o cérebro dos taxistas era mais desenvolvido em algumas áreas pelo contínuo e prolongado estudo e pela memorização dos mapas de ruas, avenidas e bairros.

Da mesma forma foram estudados músicos em contraste com não músicos, especialistas em informática e leigos nesse ramo, e assim por diante. Nos estudos, confirmou-se que a repetição de pensamentos, comportamentos, ações, imagens mentais etc. modificam os circuitos neuronais, confirmando, assim, que o nosso cérebro pode ser modelado dependendo daquilo que pensamos e fazemos. A repetição de pensamentos e comportamentos e a intensidade emocional ligada a eles influenciam profundamente a organização cerebral. Aquilo que antes era considerado imutável, hoje é reconhecido como passível de ser modelado pela nossa transformação voluntária e autodirecionada. Não estamos aprisionados em uma estrutura inalterável, mas abertos a infinitas possibilidades de mudança.

Sabemos hoje em dia que todo comportamento depende, em maior ou menor grau, de fatores genéticos e de fatores ambientais que interagem de maneira extremamente complexa. Se parte dos pontos fortes de uma pessoa é patrimônio genético, outra parte é fruto do desenvolvimento de acordo com suas experiências de vida. Conforme crescemos, podemos cultivar talentos, aprimorar traços de personalidade, desenvolver capacidades e intervir voluntária e conscientemente sobre pensamentos, crenças, hábitos, comportamentos para criar felicidade, realização e satisfação na própria vida. A questão é aprender a fazer isso: como desenvolver os pontos fortes, transformar as vulnerabilidades e criar conexões novas no cérebro?

Estudos da neurocientista e farmacóloga norte-americana Candace Pert mostram que a nossa atividade mental e emocional está em comunicação direta com nosso corpo. Em um fluxo constante de informações, nossas células tornam-se veículos de tudo o que se passa na nossa mente: pensamentos, emoções, crenças, julgamentos. Assim, nossa atividade mental e emocional torna-se física e o corpo responde. Tudo interligado em um grande "*network* psicossomático".

Se parte dos pontos fortes de uma pessoa é patrimônio genético, outra parte é fruto do desenvolvimento de acordo com suas experiências de vida. Conforme crescemos, podemos cultivar talentos, aprimorar traços de personalidade, desenvolver capacidades e intervir voluntária e conscientemente sobre pensamentos, crenças, hábitos, comportamentos para criar felicidade, realização e satisfação na própria vida.

Candace Pert vai além. Em seus estudos ela verificou que as emoções se expressam não apenas no corpo e por meio do corpo, mas também o transcendem e se derramam em todo o ambiente que o cerca. Ela nos mostra que as emoções "pulam" de uma pessoa para a outra; "transferem-se" de um corpo para outro, de uma cultura para outra.

Esses estudos nos explicam o magnetismo das pessoas carismáticas. A energia de suas emoções e de seus estados internos realmente "pula" sobre as outras pessoas, tocando-as na sua percepção, no seu coração, na sua alma e também "pula" no ambiente e no contexto onde se encontram, influenciando-as e iluminando-as.

Quando começamos a compreender como funcionamos, a entender que corpo, mente, emoção e espírito são interligados, o autodomínio começa a fazer mais sentido e se torna mais natural. A milenar cultura japonesa dos samurais nos ensina que o guerreiro, mesmo que pense em desistir, persiste; mesmo que pense em fugir, enfrenta; mesmo que pense em vingança, perdoa; mesmo sentindo medo, não se deixa dominar por ele. Isso quer dizer que o autodomínio não significa ausência de emoções, dúvidas, medos, inseguranças, mas é a capacidade de conhecê-las para não se deixar invadir, sucumbir e derrotar por elas. Assim, por meio do autodomínio, o guerreiro alcança seus resultados e a sua autorrealização.

Acesse o seu guerreiro interior e alcance os seus resultados e a sua autorrealização por meio do fortalecimento do autodomínio.

PARA EXPANDIR SEU CARISMA

Exercício
1. *Contagiar com suas emoções*

De manhã, experimente expandir em você uma sensação positiva, como alegria, entusiasmo, bom humor, serenidade, lembrando, por exemplo, de um momento em que você sentiu isso. Você pode usar a técnica do "Como se..." que aprendeu no Capítulo 3. Mantendo essa sensação presente em você, comece o seu dia, encontre as pessoas, trabalhe, interaja com sua família e veja o que acontece com as outras pessoas e com o contexto em que você esteve.

2. *"Da próxima vez..."*

Quando você fizer algo e não chegar ao resultado almejado, em vez de ficar reclamando ou se culpando, permita-se identificar o que aconteceu, quais foram as suas atitudes. Depois, dedique um tempo para refletir e visualizar como você vai agir de modo diferente caso essa situação venha a se repetir... "Da próxima vez vou fazer...".

3. *Permita-se fazer algo novo para você*

Um curso de dança, bonsai, música, canto, arte... Mude sua forma de se vestir, desfaça-se de alguns padrões e desafie-se a fazer diferente.

4. *Afirmações*

O processo mais simples e rápido para modificar padrões de pensamentos e programas mentais é por meio das afirmações. Permita-se fazer as afirmações de maneira plena, profunda e verdadeira. Estabeleça um compromisso consigo mesmo de afirmar mais o positivo na sua vida e perceba os resultados.

Lembre-se de repetir essas afirmações várias vezes. A repetição, junto com a emoção, é essencial no processo de aprendizagem e no estabelecimento de um sentimento de intimidade e coerência com a nova identidade e a criação de uma nova "programação" mental que sobrescreve a antiga. As frases são:

- *Eu transformo as convicções limitantes, recrio-as conforme novas perspectivas e reescrevo minha realidade.*
- *Eu acredito que tenho a possibilidade e as ferramentas para me reinventar.*
- *Eu confio no meu poder de realização.*

Filmes, metáforas para reflexão

- *Poder além da vida* (2006), direção de Victor Salva.
- *Vem dançar* (2006), direção de Liz Friedlander.
- *O amor acontece* (2009), direção de Brandon Camp.

4.1 PENSAMENTO AUTODIRECIONADO: A SUA ASSINATURA DE ARTISTA

Um ensinamento atribuído ao físico David Bohm (1917-1992) diz: "Normalmente, não somos nós que possuímos nossos pensamentos, nossos pensamentos é que nos possuem.". Às vezes o ser humano perde sua energia repensando e remoendo situações do passado, direcionando seu pensamento para fatos ruins que lhe aconteceram, mágoas que continuam presentes em seu coração, dificuldades que, dessa forma, vão parecendo ainda maiores. Ao remoer esses pensamentos, continuamos carregando fatos, pessoas, mágoas, rancores, tristezas, fardos enormes que não precisariam mais ser carregados, e com eles nos nossos ombros cansados, não conseguimos caminhar pela vida, não saímos do lugar. Assim, drenamos nossa força e nosso poder interior, esvaziamos nosso entusiasmo e nossa alegria de viver; consequentemente, nosso carisma e nosso magnetismo.

Quando tomamos consciência disso, podemos permanecer mais alertas, observar mais o fluxo dos pensamentos, mudá-los e também conduzi-los em outra direção. Os pensamentos, assim, passam a nos influenciar menos e a não nos possuir. Dessa forma, nos tornamos mais capacitados de direcioná-los deliberadamente.

Por meio do pensamento autodirecionado, concretizamos aquilo que pensamos e, pelo princípio da ressonância, transmitimos os pensamentos às nossas células e até ao nosso DNA. Tornamo-nos, então, aquilo que pensamos e recebemos de volta do mundo aquilo que projetamos.

Podemos direcionar melhor o curso da nossa vida e melhorar nossos resultados, concentrando nossa atenção aos tipos de pensamentos que temos. Podemos nos perguntar: "Que tipos de pensamentos alimentei nesses anos? Como eles influenciaram a qualidade da minha vida?".

A mente, segundo o neurocientista António Damásio, tem "a capacidade de desvendar internamente as imagens e de ordená-las num processo chamado pensamento". Isso permite, por meio das imagens mentais, planificar intencionalmente o comportamento humano.

Podemos dizer que sua mente funciona como um simulador e com seus pensamentos você faz as simulações. Exercitando a sua mente por meio das imagens e visualizações mentais que você quer e sentindo a emoção envolvida, você modela e reorganiza suas células cerebrais como se estivesse realmente praticando aquelas ações. À medida que você cria novas redes neurais, por meio dos seus pensamentos e das imagens mentais geradas, as antigas que percorriam seu cérebro se enfraquecem. Isso porque o cérebro não reconhece a diferença entre fazer efetivamente algo ou imaginar fazê-lo e fortalece da mesma forma as redes neurais envolvidas. Por isso, é de extrema importância criar essas imagens com foco sempre no resultado que deseja. Assim, o seu cérebro se antecipa ao ambiente por meio do exercício mental autodirecionado, sendo possível mudar e se preparar antes que as experiências externas e concretas aconteçam.

Minha paixão pelos esportes me levou a trabalhar com atletas, com os quais utilizo constantemente as imagens mentais, que eles alternam com a execução prática dos movimentos para potencializar as performances e atingir desempenhos excepcionais.

Você já deve ter visto na televisão, por exemplo, atletas de salto ornamental que, um pouco antes de saltar, repassam mentalmente os movimentos do salto e até acompanham a visualização com os dedos das mãos.

Os pilotos de Fórmula 1 visualizam mentalmente o percurso várias vezes, como podemos ver em uma cena do filme *Rush*, no qual o piloto James Hunt se prepara para competir com Niki Lauda, deitado na sua garagem, com os olhos fechados, vivenciando mentalmente todas as fases do circuito.

Um movimento imaginado e exercitado diversas vezes, mentalmente, ativa não só aspectos psicológicos do atleta – motivação, determinação, concentração e gestão da ansiedade –, mas também aspectos fisiológicos significativos, pois a musculatura, durante o treino mental, também é preparada para a ação.

Saber usar as imagens mentais com eficiência pode, portanto, ser a chave para você alcançar o sucesso em qualquer atividade ou projeto que se propõe a executar, pois toda criação passa antes pela imaginação de quem a idealiza. O ensaio mental mantém você focado e concentrado em suas metas, afastando-o das interferências.

 EXERCITANDO A SUA MENTE POR MEIO DAS IMAGENS E VISUALIZAÇÕES MENTAIS QUE VOCÊ QUER E SENTINDO A EMOÇÃO ENVOLVIDA, VOCÊ MODELA E REORGANIZA SUAS CÉLULAS CEREBRAIS COMO SE ESTIVESSE REALMENTE PRATICANDO AQUELAS AÇÕES.

Quando utilizamos a nossa capacidade de redirecionar o pensamento para aquilo que é importante, para as soluções e para os resultados, assumimos a posição de agentes colaboradores dos resultados. Utilizando nosso poder pessoal, nós nos descobrimos como participantes ativos e responsáveis no processo de criação.

PARA EXPANDIR SEU CARISMA

Exercício
1. Pensamento autodirecionado e intencional ao acordar de manhã

Quando você acordar pela manhã, expresse uma intenção para o seu dia, como: *Hoje meu dia será de alegria e energia.*

Visualize o seu dia como você quer, veja na sua tela mental o que está programado no seu trabalho, coloque na sua imagem mental a sua intenção positiva.

2. *Imagem mental*

Permita-se criar imagens mentais do resultado que você quer atingir. Visualize a partir do resultado. Essa técnica é muito importante, pois significa visualizar a partir da sensação de plena satisfação e, consequentemente, de gratidão antecipada. Sinta as sensações da imagem mental, potencialize-a, entre na imagem, permaneça dentro dela, sinta que está envolvido pelo seu sonho realizado.

Existem duas estratégias fundamentais para o sucesso deste exercício de imagens mentais. São elas:

- **Componente emocional**: é importante carregar de emoções positivas a simulação dessas imagens, pois isso evidencia e confirma a relevância e a importância do resultado visualizado, fortalecendo, assim, a sua automotivação e seu entusiasmo.
- **Repetição**: quando se repete várias vezes aquela imagem mental, com a emoção presente, cria-se uma rede neural forte no seu cérebro até que esses novos programas não precisem de esforços para ser lembrados e realizados.

> É preciso manter as informações novas e positivas na mente por certo tempo para poder "ligar" um número suficiente de células nervosas, ativar novas conexões e criar novas sequências e esquemas mentais mais fortes.

Filmes, metáforas para reflexão

- *A vida é bela* (1997), direção de Roberto Benigni.
- *A mulher invisível* (2009), direção de Cláudio Torres.
- *Rush: no limite da emoção* (2013), direção de Ron Howard.

4.2 FOCO: A FLECHA ATINGE O ALVO

Quando uma pessoa fica sem foco, sente-se desorientada e refém dos acontecimentos externos, atropelada pelos fatos da vida, perdida em desvios, andando em círculos, sem energia. A pessoa sem foco desperdiça suas forças em muitas direções, ou então concentra a atenção em um diálogo interno negativo e limitante, do tipo: "Não consigo, não dá, é impossível, não vai dar certo.". Com certeza você conhece pessoas com muitos talentos e inúmeras habilidades, mas que não conseguem concentrá-los e direcioná-los para um objetivo e que, por isso, estão vivendo situações como:

- Não ter claro o que quer.
- Iniciar muitas coisas e não terminá-las.
- Tentar fazer tudo ao mesmo tempo.
- Focar os problemas e as dificuldades.

- Viver se lamentando.
- Não encontrar soluções nem alternativas.

Conseguir manter o foco é essencial, pois muitas vezes na vida o ser humano estabelece um objetivo, porém, depois de algumas tentativas, ele se cansa e não consegue manter a atenção concentrada por muito tempo. As dificuldades que encontra no caminho para chegar ao objetivo parecem-lhe maiores que a sua própria força interior para superá-las. A capacidade de manter o foco se dilui no decorrer da caminhada e a pessoa começa a perder interesse pelo objetivo. Assim se inicia aquele círculo vicioso de começar muitas coisas sem realizar nenhuma de fato.

Durante dez anos pratiquei karatê com Sensei Kazuishi. Ele exalava paixão pela vida, intensa energia e praticava o karatê como experiência direta e total do corpo e do espírito, imediata e não filtrada pelo intelecto. Os anos com Sensei Kazuishi foram essenciais para que eu aprendesse que, para chegar à excelência, não é suficiente ter somente a competência técnica e a força física, é necessário também desenvolver competências pessoais, como a capacidade de ter foco, atenção e flexibilidade, suavidade, transcendência e comunhão com o Cosmos.

Lembro-me de que ele me treinava a manter o foco também no ensaio mental do movimento, não só durante o movimento. Ele me dizia que o primeiro passo para aprender e fazer com perfeição era visualizar o movimento na própria mente inúmeras vezes. Saber manter o foco é uma das ferramentas mais poderosas que o ser humano tem à sua disposição e que lhe permite realizar, criar e transformar aquilo que ele escolher.

Sensei Kazuishi sempre evidenciava como a prática das artes marciais ensina a começar e terminar o que se estabelece como importante para si mesmo, como objetivo, transitando por frustrações e decepções que aparecem, aprendendo a esperar quando necessário ou até a parar um tempo para aguardar que as variáveis melhorem ou para se preparar com mais comprometimento.

"Com foco e dedicação você chega à autoperfeição", ele me dizia. E continuava: "No karatê, você aprende que um movimento que inicialmente parecia impossível de realizar, com constância no treinamento, começa a se delinear como possível e, quanto mais perseverar, mais fácil vai se tornando até que, enfim, torna-se natural e espontâneo. A arte marcial transforma-se em uma experiência interior, que o conduz ao profundo da sua alma.".

Ter foco é ser capaz de concentrar a atenção em determinado alvo, porém no dia a dia geralmente utilizamos o foco de maneira automática. Quero dizer que, quando você não direciona o foco com sua vontade consciente, ele se orienta seguindo estímulos externos e modelos mentais aprendidos, habituais e, muitas vezes, até obsoletos e limitantes.

A pessoa carismática sabe direcionar seu foco para os aspectos positivos e úteis da sua vida, deixando em primeiro plano as possibilidades e as oportunidades, dirigindo sua energia conscientemente para os resultados desejados. Seus resultados são fruto de onde a sua atenção é colocada e daquilo que focaliza a lente de sua busca.

É importante lembrar que são seus pés que o levam pelo caminho, mas é a sua mente que lhe dá a direção. Dependendo de onde a sua mente está focada, ela influencia e determina as experiências da sua vida. Por isso, é muito importante direcionar seu foco para as possibilidades e não para as impossibilidades. Com o foco certo, mesmo se tropeçar, poderá retomar a direção e seguir com firmeza para concretizar suas metas.

Um discípulo perguntou a seu mestre: – "Mestre, o que preciso fazer para aprender a arte da esgrima?"

O mestre respondeu: – "Precisa ficar atento".

– "Só isso?" – questionou o discípulo. – "Não! Você precisa ficar atento e mais atento". – completou o mestre. – "É mesmo só isso?" – insistiu o discípulo.

– "Não! Você precisa ficar atento, mais atento e ainda mais atento". – reforçou o mestre.

É esse o segredo da realização e do sucesso: o treino do foco e da atenção consciente.

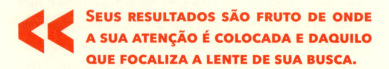

SEUS RESULTADOS SÃO FRUTO DE ONDE A SUA ATENÇÃO É COLOCADA E DAQUILO QUE FOCALIZA A LENTE DE SUA BUSCA.

PARA EXPANDIR SEU CARISMA

Exercício
1. *Para onde e para o que direcionamos nossa atenção modelam o nosso cérebro*

- Para onde, na sua vida, está direcionado o seu foco?

- Se você pensa na semana passada, sobre o que sua atenção foi principalmente direcionada?
- O que enfraquece o seu foco?
- O que mais o distrai do seu foco?

2. *A vontade de autorrealização*

Permita-se dedicar um tempo a você. Permaneça de pé e visualize uma bola de luz dourada que você segura em suas mãos. Essa bola de luz representa a sua "vontade consciente de autorrealização".

Faça uma pequena caminhada contemplativa (pode também ser dentro de casa), lentamente, percebendo o contato dos pés com o chão, respirando profunda e suavemente.

À medida que caminha, essa "vontade consciente de autorrealização" se fortalece em você. Quando sentir que essa "vontade consciente de autorrealização" está forte o suficiente, vá integrando essa bola de luz dourada ao seu coração, permitindo que se torne parte integrante de você.

Permita-se sentir a luz dessa bola dentro de você, iluminando a sua essência e, posteriormente, o seu caminho para a realização do seu grande objetivo! Você e essa "vontade consciente de autorrealização" estão completamente integrados.

Filmes, metáforas para reflexão

- *O discurso do rei* (2010), direção de Tom Hooper.

- *O grande dia* (2015), direção de Pascal Plisson.

4.3 CONVICÇÕES: ÍMÃS MENTAIS

As convicções controlam e determinam a nossa forma de pensar e de reagir ao contexto e aos desafios da vida. Vivemos com base naquilo em que acreditamos. Nossas crenças e convicções, bem como os pensamentos e as emoções a elas ligados, constituem o fundamento das nossas escolhas e ações.

As crenças e as convicções podem ser positivas, quando potencializam suas realizações, ou podem ser limitantes e autossabotadoras, quando atrapalham a sua vida e o levam à direção oposta daquela desejada. Assim, com base em nossas convicções, vemos o que esperamos ver, ouvimos o que esperamos ouvir, fazemos o que acreditamos poder fazer, realizamos o que acreditamos merecer. Dessa maneira, é possível imaginar a realidade de pessoas que têm crenças como: "Não sou bom o suficiente. Não mereço a abundância. É muito difícil encontrar um emprego. A vida é dura. As pessoas não são confiáveis. Não é possível viver um relacionamento feliz. Não posso. Não devo. Não consigo. Não sou capaz.".

Cada um de nós tem uma parte muito ativa na criação do mundo que vivencia. As convicções e as expectativas sobre nós mesmos, sobre os outros e sobre a vida em geral determinam o modo como percebemos a realidade externa, como interpretamos tudo o que nos acontece, os tipos de pessoas, eventos e situação que atraímos para nós e para os quais somos atraídos. O que vivenciamos em nossa existência é um reflexo de valores, crenças e padrões de pensamento e comportamento que guardamos em nossa própria consciência, e é por isso que nossa vida muda à medida que nossa consciência se amplia e se transforma. Cada pessoa reflete sua componente pessoal diferentemente das outras, cada um é dotado de uma unicidade não duplicável, tem uma história, uma família, uma cultura, tradições, experiências, lembranças que influenciam os condicionamentos e as crenças.

Há uma historinha zen que eu adoro contar:

Um viajante chega à entrada de uma cidade e pergunta ao ancião que está de plantão na porta:
– Como são as pessoas desta cidade?
O ancião responde:
– Como são as pessoas da cidade de onde você veio?
– São ruins, péssimas, terríveis.
O ancião, com toda a sua sabedoria, retruca:
– As daqui também.
E o homem entra na cidade, já desanimado e cabisbaixo.
Pouco depois, chega outro cidadão e faz a mesma pergunta ao velho porteiro:
– Como são as pessoas desta cidade?
Ele repete o que fez antes, respondendo com outra pergunta:
– Como são as pessoas da cidade de onde você veio?
– São bondosas, acolhedoras, solidárias...
O ancião diz, imediatamente:
– As daqui também...
E esse viajante entra na cidade animado e pronto a aproveitar a sua viagem.

Essa história nos faz perceber que, quando mudamos o esquema interno de referência, mudamos imediatamente a percepção do cenário. O limite está dentro, não fora. O ponto é compreender que é possível transformar esse esquema interno de referência, pois todos nós sabemos que o mundo que enxergamos não é uma realidade objetiva, mas é um universo subjetivo; percebemos a realidade filtrada por nossas convicções e tudo o que vemos é condicionado pela nossa subjetividade. O ser humano é envolvido por seu dia a dia, seus compromissos e pela luta para pagar as contas, sobrevive aquém das suas reais potencialidades, sem questionar se as suas crenças são inadequadas, incompletas, obsoletas, distorcidas e como fazer para atualizá-las, flexibilizá-las, compreendê-las melhor e substituí-las por outras mais completas.

As crenças e as convicções reduzem a realidade a conceitos e condicionamentos que delimitam e confinam cada experiência dentro de um mapa predefinido. Enxergamos o mundo segundo aquilo que pensamos e da forma que pensamos. Uma vez que uma crença passa a fazer parte do nosso sistema de interagir com o mundo, mesmo que nos limite e prejudique, geralmente recusamo-nos instintivamente a mudá-la, pois a crença passa a funcionar como um pilar de sustentação que nos proporciona uma espécie de segurança. Mesmo que falsa, ilusória ou limitante, para uma pessoa não preparada, transformá-la cria muita insegurança. Ela provavelmente vai preferir continuar a ver o mundo como sempre viu.

Estamos testemunhando como a Física Quântica no século passado e a Epigenética nos últimos vinte anos puseram em discussão verdades e crenças até então consideradas absolutas, e nos mostraram, assim como tudo está em evolução e mudança; nossas convicções individuais também.

 O SER HUMANO É ENVOLVIDO POR SEU DIA A DIA, SEUS COMPROMISSOS E PELA LUTA PARA PAGAR AS CONTAS, SOBREVIVE AQUÉM DAS SUAS REAIS POTENCIALIDADES, SEM QUESTIONAR SE AS SUAS CRENÇAS SÃO INADEQUADAS, INCOMPLETAS, OBSOLETAS, DISTORCIDAS E COMO FAZER PARA ATUALIZÁ-LAS, FLEXIBILIZÁ-LAS, COMPREENDÊ-LAS MELHOR E SUBSTITUÍ-LAS POR OUTRAS MAIS COMPLETAS.

Epigenética – *epi* significa "além de"; então, *além da genética* – nos mostra que os genes não nos controlam e que não é a herança genética que determina nosso destino. Hábitos, pensamentos, alimentação, estresse, emoções, percepções e convicções, por exemplo, modificam de maneira decisiva a função do gene, sem alterar sua estrutura de base. A Epigenética nos confirma que não somos vítimas do nosso patrimônio genético, mas que somos cocriadores da realidade que vivenciamos.

Segundo António Damásio, o cérebro não é um espelho que reflete a realidade, mas é um conjunto de peças com as quais reconstruímos continuamente o que há dentro de nós; a realidade externa se torna, assim, uma construção subjetiva nossa. Quando compreendemos isso, uma luz se acende dentro de nós, deixando claro que somos nós que movemos as peças e que podemos usá-las de modo diferente, desconstruindo e reconstruindo sempre e novamente.

A pessoa carismática é consciente não só do resultado que quer, mas do substrato que precede o resultado; quer dizer, está consciente das crenças sobre as quais as ações se baseiam. Considerando que não vemos o mundo como ele é, mas como o filtramos pelas nossas convicções, precisamos então limpar, atualizar e questionar os filtros de percepção por meio dos quais olhamos e interagimos com a realidade.

A pessoa carismática entende que há momentos na vida em que é preciso se desprender de antigos modos de ser, obsoletas convicções, e abrir o caminho para novas maneiras de viver, construindo novas paisagens e novos resultados. Ela atualiza as informações do passado, renova-se e reinventa-se, experimentando desconhecidos patamares da existência.

PARA EXPANDIR SEU CARISMA

Exercício
1. *Mudança de convicções*

Escreva agora algumas crenças limitantes colocando o verbo no pretérito imperfeito, para significar algo que já passou: *Eu acreditava que...*

Depois, escreva a convicção positiva que você quer criar e fortalecer, usando o verbo no tempo presente: *Eu acredito que...*

Exemplos:

- *Eu acreditava que era inseguro. — Eu acredito em mim e no meu poder pessoal.*
- *Eu acreditava que a vida era complicada e dura. — Eu acredito que a vida é realização e felicidade.*
- *Eu acreditava que os relacionamentos amorosos eram difíceis. — Eu acredito que mereço amar e ser amado.*

2. Instalar a nova crença

Permita-se sentir cada nova crença escolhida, imaginar-se vivenciando-a. Veja, sinta e ouça a si mesmo vivendo e agindo com esses novos programas mentais.

Durante o exercício, suspenda a tentação de entrar no julgamento racional, na crítica, na dúvida, pois você já conhece como e por que as imagens mentais funcionam. Então, aproveite para criar, fortalecer e tornar reais as imagens mentais das novas convicções.

- Qual é a sensação depois do exercício?
- Quais novas decisões você escolhe tomar daqui para frente?

Filmes, metáforas para reflexão

- *A teoria de tudo* (2014), direção de James Marsh.
- *O piano* (1993), direção de Jane Campion.

4.4 Julgamento: suspendê-lo para observar e acolher o próximo

Jiddu Krishnamurti (1895-1986), filósofo, escritor e educador indiano, dizia que a mais alta forma de inteligência humana é a capacidade de observar sem julgar. Quando não consegue compreender e lidar com suas emoções, o indivíduo é invadido por todo tipo de sentimento, incluindo o medo, a raiva, a ansiedade e outros que o impedirão de discernir de maneira justa e o farão cair no julgamento e nos preconceitos.

O julgamento origina-se de emoções ligadas ao medo, à insegurança que nasce da falta de confiança inabalável e da não aceitação de si mesmo, o que o leva a diminuir o outro para se sentir maior. Essa, porém, é uma estratégia que não dá resultados verdadeiros e duradouros.

A falta de autoaceitação leva a fazer classificações do tipo: "ele é melhor que eu, é mais inteligente, é mais bonito, é mais isso, é mais aquilo...". O inverso também acontece, por exemplo: "eu sou melhor que ele, eu faço as coisas de maneira mais precisa", e daí em diante. Essas comparações não têm um pressuposto real e são impossíveis de ser feitas, pois cada pessoa é diferente, tem os próprios talentos e as próprias dificuldades, os quais a fazem chegar a resultados distintos. Aliás, uma das causas pela qual uma pessoa não consegue usar seu poder de realizar seus objetivos é exatamente a tentativa de se tornar igual a outra pessoa, não gostar de si mesma, não se julgar merecedora e não se aceitar. Essa é uma das principais causas de confusão, contradição, sofrimento, dor e conflito, o que leva a pessoa a sentir inveja dos outros e raiva da vida.

O julgamento é uma tentativa de privar alguém, ou nós mesmos, do seu valor. É a tentativa de diminuir suas capacidades e suas qualidades. É um rótulo que colocamos nas pessoas e nas situações. Dessa forma, por exemplo, eu não me relaciono mais com "amido de milho", eu me relaciono com "Maizena". Parece que o rótulo é muito mais forte do que a essência do produto. O rótulo é como você define a pessoa e não como realmente ela é. E essa definição é, quase sempre, superficial, porque segue as próprias convicções e esquemas pessoais, os quais são, muitas vezes, estereotipados e não consideram a essência do ser humano.

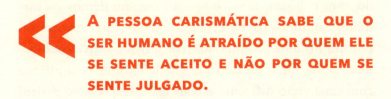

A PESSOA CARISMÁTICA SABE QUE O SER HUMANO É ATRAÍDO POR QUEM ELE SE SENTE ACEITO E NÃO POR QUEM SE SENTE JULGADO.

A capacidade de suspender o julgamento, por um instante, observar sem tirar conclusões, para poder discernir com mais sabedoria e olhar o mundo com olhar renovado, começa quando conseguimos suspender o julgamento sobre nós mesmos, quando conseguimos mudar a forma habitual de nos enxergar.

Quando o julgamento sobre nós mesmos – "eu não sou capaz, não posso, nem tento fazer as coisas, eu sou assim etc." – se dilui, o que cresce é a capacidade de perceber nossas reais habilidades e nossos talentos e nos tornamos mais livres das amarras do julgamento para experimentar, criar e realizar.

A pessoa carismática sabe que o ser humano é atraído por quem ele se sente aceito e não por quem se sente julgado. Na aceitação das próprias qualidades, a pessoa carismática, aceita as qualidades do outro e, em vez de olhá-lo em função de si mesma e daquilo que ela quer, ela o vê no seu natural direito de ser ele mesmo. Assim quem está em sua companhia se sente confortável, pois intui a permissão de ser o que de fato é.

A pessoa carismática sabe suspender o julgamento imediato para poder observar, interagir e discernir. Conhecer, compreender, em vez de julgar é o caminho para a paz interior e exterior.

A evolução acontece na alternância equilibrada entre o pensamento discordante do nosso e o pensamento alinhado com o nosso; nessa interação encontraremos os melhores caminhos para a evolução. Trata-se de "suspender" por um instante a si mesmo, seus filtros e convicções, colocar-se no lugar do outro e depois retornar a si mesmo com uma visão diferente e mais completa. Como diziam os índios Sioux, um dos principais povos nativos norte-americanos: "Antes de julgar uma pessoa, caminha três luas com seus sapatos.".

PARA EXPANDIR SEU CARISMA

Exercício
1. *"Que você seja feliz"*

Escolha uma pessoa, imagine-a e sinta a presença dela. Envolva essa pessoa em sentimentos positivos e diga a ela mentalmente:

- *Que você seja feliz.*
- *Que você seja protegido(a) dos perigos.*
- *Que você esteja em paz.*
- *Que você esteja em ótima saúde.*
- *Que você esteja pleno(a) de amor e alegria.*

Se tiver vontade de falar outra frase, permita-se expressá-la.

Faça esse exercício com você também. Pense em você, veja sua imagem e envolva a si mesmo nesses sentimentos.

2. Por um dia, não critique

Por um dia, não critique nada que aconteça, ou alguém, nem a si mesmo. Elimine os julgamentos negativos e a autocrítica e mude o foco para acontecimentos positivos ou aspectos positivos da situação e das pessoas.

Filmes, metáforas para reflexão

- *Forrest Gump* (1994), direção de Robert Zemeckis.
- *Belle* (2013), direção de Amma Asante.

CAPÍTULO 5

COMUNICAÇÃO: A FORÇA CRIATIVA DO CARISMA

A PALAVRA "COMUNICAÇÃO" TEM SUA RAIZ ETIMOLÓGICA NO LATIM eclesiástico *communicatio*, que significa "participação à mesa eucarística", e no termo latino *communicare*, proveniente de *communis*, "bem comum". O significado real e o objetivo da comunicação indicam algo a ser compartilhado, a ser tornado comum; comunicação = "comum união em ação".

Por meio da palavra podemos eliminar oposições e diferenças, compreender e caminhar em uma direção comum, realizando ações para alcançar um objetivo na família, na empresa, na equipe, na escola, no relacionamento. Porém, o que mais acontece entre as pessoas é que a "comum união em ação" não se realiza. A queixa que mais ouço no meu trabalho de consultor nas organizações é que a incompreensão é a regra e que a real comunicação não existe.

A linguagem é determinante para a qualidade dos relacionamentos pessoais, e uma comunicação persuasiva, contagiante e clara é elemento essencial para o desabrochar do carisma pessoal. Com as palavras podemos direcionar estados de ânimo, motivar alguém ou desmotivá-lo, ajudá-lo a compreender melhor a vida ou a ter medo dela. Quantas frases duras ouvidas na infância ainda ressoam na mente de algumas pessoas e, muitas vezes, condicionam uma existência inteira?

Estarmos conscientes das nossas palavras significa não falar sem pensar, evitando ocasionar problemas e conflitos. Quantas vezes ficamos perturbados por ter falado algo que deveríamos ter guardado para nós?

A pessoa carismática usa as palavras de maneira plenamente responsável e atenta, sabendo que, com a palavra falada com intensidade, definimos e criamos a nossa realidade. A palavra "pessoa" vem do latim *persona* = "*per + sona*". Um dos significados é: *per* = "através de", e *sona* = "som". A pessoa se manifesta através do som, da palavra. Não é por acaso que em quase todas as tradições espirituais a inteligência chamada Deus cria a matéria por meio do Verbo, da palavra:

> No princípio era o Verbo, e o Verbo estava com Deus, e o Verbo era Deus. Ele estava no princípio com Deus. Todas as coisas foram feitas por ele, e sem ele nada do que foi feito se fez.

> (João 1: 2,3)

A linguagem é determinante para a qualidade dos relacionamentos pessoais, e uma comunicação persuasiva, contagiante e clara é elemento essencial para o desabrochar do carisma pessoal.

Em sânscrito, "*Nada Brahma*" significa "o mundo é som" (*Nada* = "som", *Brahma* = "o Todo", "a Unidade", "o Universo"). A palavra, movimentando-se em direção à matéria, torna-se forma. Utilizamos a palavra para manifestar o pensamento. A palavra é criativa, – da raiz sânscrita *kar-* = "fazer", em que *kar-tr* é "quem cria", "aquele que faz do nada" –, ela dá vida.

Reconhecemos o grau de consciência do ser humano pelas palavras que ele utiliza na sua comunicação. Por meio da palavra, expressamos quem somos, a nossa realidade e a nossa vontade. Com uma palavra amiga, acolhemos uma dor; com uma palavra firme, evitamos um problema; com uma palavra de amor, acalentamos o coração dos nossos filhos. As palavras mudam a realidade e a energia das pessoas e do contexto. Já percebeu como um comentário maldoso, agressivo ou negativo de uma pessoa em um grupo pode mudar a energia e rapidamente ativar uma reação agressiva e contrária ao objetivo? Já notou como a fala de um líder carismático acende os ânimos e motiva o grupo de tal forma que as dificuldades somem e se expandem a certeza e a vontade de atingir um objetivo?

O indivíduo carismático usa a palavra sabendo que ela tem força e que ele pode potencializá-la ainda mais colocando ênfase, emoção e intenção quando a expressa. Por isso, as afirmações repetidas e carregadas de intensidade emotiva aproximam a pessoa do objetivo desejado ou a afastam dele, a depender do tipo de afirmação. E elas são utilizadas para modificar padrões de pensamento e programas mentais.

Nas suas pesquisas com os cristais de água, o cientista japonês Masaru Emoto (1943-2014) tirou fotografias microscópicas das moléculas da água depois de serem expostas a determinadas palavras faladas e escritas, a orações e músicas e verificou que os cristais de água mudavam de estrutura, dependendo das palavras e das mensagens emanadas. Esse trabalho evidenciou que a água exposta a vibrações de palavras e pensamentos positivos formava cristais muito bonitos, ao contrário da água exposta a palavras e pensamentos negativos, que formava estruturas desarmônicas. Na experiência de Emoto, os cristais de água reagiram ao tipo de vibração e informação recebido.

No século XVII, o físico e músico alemão Ernst Florenz Friedrich Chladni (1756-1827) publicou sua descoberta sobre os efeitos das ondas sonoras na matéria física. Fazendo vibrar o arco do violino sobre uma superfície de metal com areia, ela se separava formando desenhos diferentes, simétricos e espetaculares, o que ficou conhecido como figuras sonoras de Chladni. Assim, ele demonstrou que o som afeta verdadeiramente a matéria física.

O INDIVÍDUO CARISMÁTICO USA A PALAVRA SABENDO QUE ELA TEM FORÇA E QUE ELE PODE POTENCIALIZÁ-LA AINDA MAIS COLOCANDO ÊNFASE, EMOÇÃO E INTENÇÃO QUANDO A EXPRESSA.

O carisma se define pelo modo como uma pessoa usa as palavras e sua comunicação verbal. Agora sabemos por que um ambiente é "magicamente" modificado pelas palavras nele proferidas e que criam uma vibração positiva.

Uma pessoa carismática também sabe que um dos problemas da comunicação é que o ser humano escuta o outro para responder – e querer ter razão segundo os próprios padrões – e não para primeiro compreender – os padrões do outro. Certamente todos nós conhecemos pessoas que falam só de si mesmas, de seus resultados e sucessos, de clientes importantes, de experiências maravilhosas, que têm sempre uma resposta, mas não ouvem e não perguntam nada aos interlocutores.

Há também quem faça isso no modo negativo, que fale apenas dos seus problemas, suas tragédias maiores que a de todos, que não tem tempo, queixa-se de tudo e também não ouve nem pergunta nada aos interlocutores.

Ouvir para compreender o outro e não só para defender os próprios pontos de vista permite abrir-se ao interlocutor e deixar espaço para ele se expressar e comunicar a sua mensagem. A pessoa carismática muda o foco da atenção de si mesma para o outro, escuta e compreende o que ele quer e sente. Entra em relação, entra em "sintonia" com as pessoas ao seu redor; suas palavras têm a intenção de produzir um efeito positivo na vida dos outros.

PARA EXPANDIR SEU CARISMA

Exercício
1. *Observar a si mesmo*

- Quais são as palavras que você mais usa no seu dia a dia?
- Elas são de empoderamento ou são de baixa vibração e desmotivação?
- Quais as suas palavras de alta vibração?

- Selecione um elenco de palavras e frases que o fazem feliz. Durante o dia, repita-as em um tom que você possa ouvir.
- Filme a si mesmo falando do seu trabalho e depois assista à gravação. O que você achou da sua comunicação verbal e não verbal?

2. Ouvir mais, falar menos

A maneira mais segura de saber o que a outra pessoa pensa e sente é ouvi-la atentamente.

Reserve um tempo para ouvir mais as pessoas e falar menos. Observe o possível impulso de querer interromper o interlocutor, perceba o rosto da pessoa e as suas expressões, ouça o som da voz dela.

Ouça mais a si mesmo também. Escute seu diálogo interior, como você fala consigo mesmo. Você se empodera ou se enfraquece? Como você pode deixar seu diálogo interior melhor e mais poderoso?

Filmes, metáforas para reflexão

- *Um domingo qualquer* (1999), direção de Oliver Stone.

- *Coach Carter: treino para a vida* (2005), direção de Thomas Carter.
- *O tigre e a neve* (2007), direção de Roberto Benigni.

5.1 COMUNICAÇÃO NÃO VERBAL: O CORPO FALA MAIS DO QUE GOSTARÍAMOS DE DIZER

Já lhe aconteceu de encontrar no comércio alguém com a cara fechada e o tom de voz desanimado, ou irritado, falando, por exemplo, "na nossa loja a cortesia e a disponibilidade são importantes, posso ajudar?" ou alguém dizendo "estou muito feliz em revê-la"– olhando o relógio? Imagine um filho que acabou de dizer: "pai, eu te amo" e o pai respondendo "eu também te amo" enquanto lê o jornal e com um tom de voz desatento e distraído.

Qual é a sensação? O que chega antes nessas comunicações?

A comunicação exige a consciência não só das palavras que utilizamos, mas também da nossa postura, do nosso tom de voz, das expressões do rosto, do olhar, do corpo como um todo. Enquanto a coerência entre verbal e não verbal cria uma percepção de autenticidade, uma comunicação incongruente e incoerente cria conflito, confusão, desconforto.

O que a pessoa está dizendo pode vir a ser desconsiderado ou questionado por um movimento inadequado, uma expressão facial ou um gesto contraditório, o que anula a sua confiabilidade e sua credibilidade. A mensagem que prevalece e sobre a qual fazemos as considerações para tomar as decisões é a da comunicação não verbal. Gestos, posturas, expressões refletem nosso posicionamento no mundo de maneira muito concreta e autêntica, pois a linguagem corporal é o mais primitivo sistema de comunicação do ser humano.

Os elementos não verbais da comunicação – tom de voz, gestos, postura, olhar, expressões faciais, formas de se movimentar – determinam a maneira como o outro é percebido. A nossa neurobiologia é predisposta a colher e reagir primeiramente a esses elementos, antes da linguagem verbal. Pense no poder de atração que tem, por exemplo, um sorriso aberto, e como é repulsiva uma expressão arrogante, crítica ou autoritária. Pense em como algumas pessoas se movimentam de maneira graciosa, encantadora ou têm tom de voz acolhedor e aberto.

OS ELEMENTOS NÃO VERBAIS DA COMUNICAÇÃO – TOM DE VOZ, GESTOS, POSTURA, OLHAR, EXPRESSÕES FACIAIS, FORMAS DE SE MOVIMENTAR – DETERMINAM A MANEIRA COMO O OUTRO É PERCEBIDO.

A experiência cotidiana nos ensina que o nosso corpo é marcado pela história individual e também pela história social, pelos costumes e pelas tradições que nos foram transmitidos. Ele é uma fonte de informações sobre quem somos. Quando falamos com alguém, estamos sendo observados de todos os pontos de vista e também observamos o nosso interlocutor. Somos avaliados, mesmo que inconscientemente, e também avaliamos, não só pelo que dizemos com as palavras, mas também pelo que transmitimos com o tom de voz, o ritmo, as pausas, a postura, o olhar, a expressão facial, os gestos, as expressões do rosto, os movimentos do corpo, enfim, com a linguagem corporal como um todo.

Afinal, quanto estou consciente da minha linguagem corporal? E por que é tão importante compreender nossa linguagem não verbal e a do outro? Estudos sobre o assunto nos confirmam que a decodificação que fazemos das mensagens da linguagem não verbal é a base para as nossas reações em relação ao interlocutor, como simpatia, antipatia, confiança, desconfiança, entusiasmo, apatia etc. O neurocientista António Damásio nos ensina que entramos em relação com os outros não só com a linguagem verbal, mas também por meio das posturas e dos movimentos do nosso corpo.

Muitas vezes, a empatia é criada pela observação, pelo acompanhamento e pela valorização dos sinais corporais que o outro me envia no processo de comunicação, gerando, assim, os sentimentos que o ser humano mais valoriza: compreensão e respeito.

Em 1986, desenvolvi uma técnica chamada Inner Vision e realizo treinamentos e formações nos quais ensino a linguagem corporal como ferramenta para o sucesso nos relacionamentos interpessoais e para viver a realização. A linguagem corporal é algo complexo e sutil; através dela podemos contar a história pessoal de cada indivíduo. Ela se modifica no decorrer da vida e da evolução e maturidade de cada um, do estado de ânimo, da situação e do contexto em que nos encontramos, gerando o grande desafio da comunicação: compreender o universo do interlocutor e construir o diálogo.

No budismo, as pessoas são avaliadas de três maneiras: pela mente, pela fala e pelo corpo. O corpo físico é a nossa manifestação tangível na Terra. Corpo, emoção, mente e espírito são conectados, interdependentes e inseparáveis; influenciam-se continuamente para chegar ao ideal de cooperação, equilíbrio e harmonia entre eles.

A maestria na comunicação é um aspecto essencial na construção do carisma e a pessoa carismática, além de saber o que está comunicando, é consciente do que está comunicando por meio da linguagem corporal. Sua comunicação, verbal e não verbal, está em harmonia, é coerente e poderosa; a eficácia da sua palavra se potencializa com a energia da sua presença física.

A pessoa carismática sabe da importância da primeira impressão e da rapidez com que ela se forma na percepção do interlocutor. Quando duas pessoas se encontram e começam a se comunicar, nos primeiros quatro segundos já se tem um início de percepção da outra pessoa e nos quatro minutos sucessivos já se forma uma primeira impressão. Depois de quarenta minutos de interação, é muito raro mudar a opinião, positiva ou negativa, sobre a pessoa.

Já experimentamos isso muitas vezes na vida cotidiana. Quando você entra em uma loja, em quanto tempo você percebe se o vendedor é gentil e profissional ou não? Ou quando você entra no seu escritório, encontra os seus colegas, de quanto tempo necessita para perceber qual é o clima no ambiente? Quando você volta para casa do trabalho e encontra o seu companheiro ou companheira, de quanto tempo precisa para compreender o seu estado de ânimo?

As outras pessoas fazem o mesmo conosco. Em quanto tempo o seu cliente percebe seu humor?

Esteja mais atento e preparado na sua intenção nos primeiros minutos de interação com uma pessoa – quando você entra no escritório, começa uma reunião, encontra um cliente, faz uma ligação, volta para casa e encontra sua família. Qual é a sensação que você quer despertar? Observe o que acontece.

Estamos acostumados a encontrar – no escritório, no supermercado, na rua, no trânsito, na reunião, na vida em geral – pessoas com expressões do rosto fechadas, preocupadas, pensativas, tensas, por vezes agressivas. A vida nem sempre é fácil e alegre, porém, como nos ensina um provérbio chinês: "O homem que não sabe sorrir não deve abrir loja". O sorriso tem um papel essencial nos relacionamentos interpessoais e sociais, é uma linguagem não verbal universal, uma das poucas expressões faciais que é compreendida em todas as culturas. É um gesto primário inato, natural, cujo objetivo é a comunicação da disponibilidade, da abertura, da participação e da confiança.

Várias são as pesquisas que trazem à luz a importância regeneradora do riso, do sorriso, das brincadeiras e do bom humor na vida do indivíduo e na qualidade das relações com as outras pessoas. O sorriso é um potente estimulador dos circuitos neurais que facilita a interação social e a empatia, é contagioso e é transmitido muito rapidamente entre as pessoas.

Estudamos no decorrer deste livro que os neurônios-espelho são ativados pela observação. O sorriso – como expressão tipicamente humana e presente na pessoa desde o nascimento – ativa os neurônios-espelho muito rápida e facilmente.

A pessoa carismática reconhece que, mesmo nas dificuldades, é necessário olhar além das cotidianas preocupações. Que é fácil sorrir quando tudo está bem, mas é a pessoa com força interior que sorri mesmo quando tudo dá errado.

Citando novamente Viktor E. Frankl:

> É possível ao ser humano distanciar-se de si por meio do humor. Quando ele ri de seus problemas, provoca uma distância entre o núcleo do seu "eu" e a situação problemática.

O monge budista Thich Nhat Hanh afirma: "Às vezes sua alegria é a fonte do seu sorriso, mas às vezes seu sorriso pode ser a fonte de sua alegria".

PARA EXPANDIR SEU CARISMA

Exercício

1. *Nossa posição corporal influencia nosso estado interno e comportamento*

Se você simplesmente assumir uma "posição de confiança inabalável" durante dois minutos, o corpo também acompanhará essa postura, biológica e quimicamente. Corpo, mente e espírito estão interligados, então podemos começar a mudança de qualquer um desses elementos.

Antes de uma situação de tensão – como uma palestra, ou reunião importante, entrevistas de emprego –, durante dois minutos, adote uma posição que, para você, seja de confiança inabalável.

Por exemplo: pule com os pés abertos na largura dos ombros, soltando os braços e as mãos, ajuste a coluna e a cabeça em posição ereta e sinta como se um fio estivesse saindo do seu peito e puxando você levemente para frente. Respire algumas vezes profunda e suavemente, ajustando ainda mais a postura. Para potencializar a posição de confiança inabalável, você também pode falar uma frase de poder.

2. O sorriso

No Oriente, há milênios é ensinada a prática do sorriso interior como garantia de harmonia, saúde, longevidade e felicidade.

À noite, antes de dormir – pode ser de manhã ou quando tiver um momento de tranquilidade – sorria para todo o seu corpo e seus órgãos internos. Primeiro permita-se sorrir suavemente com os lábios e depois dirija sua atenção para o seu corpo. Comece sorrindo para os órgãos internos; continue sorrindo também para o resto do seu corpo, até sentir todas as células do seu corpo sorrindo. Sinta a energia se expandindo no seu corpo e para além dele. Descanse e relaxe por alguns minutos.

Treine esse exercício no seu dia a dia e logo você vai perceber que um sorriso interno constante começará a estar presente em seu corpo, criando ondas de bem-estar e energia vital positiva.

3. Respiração consciente

Quando estiver inquieto, com raiva, angustiado, tenso, pare de agir ou falar – o que nesses momentos pode ser muito destrutivo –, e volte sua atenção para a sua respiração (se possível, em um lugar onde você possa estar tranquilo). Respire consciente, profunda, ampla e suavemente (até que não consiga colocar mais ar para dentro na inspiração e não tenha mais ar para sair na expiração). Na inspiração, diga internamente: *Eu acalmo a mim mesmo.* Na expiração, fale: *Eu sorrio* (e se permita sorrir; é muito importante, pois no rosto há centenas de pequenos músculos que ficam tensos; quando você sorri, eles relaxam).

Repita essa respiração com as frases por alguns minutos ou o tempo que tiver à disposição.

Filmes, metáforas para reflexão

- *O baile* (1983), direção de Ettore Scola.
- *A chegada* (2016), direção de Denis Villeneuve.

- *O artista* (2014), direção de Michel Hazanavicius.

 A pessoa carismática reconhece que, mesmo nas dificuldades, é necessário olhar além das cotidianas preocupações.

CAPÍTULO 6

AÇÃO: DAR VIDA AOS SONHOS

"HOJE EU SEI QUE SOMOS CORRESPONSÁVEIS PELA REALIDADE EM QUE vivemos, pelo mundo em que estamos e que não adianta reclamar, é preciso agir para transformar." (Monja Coen).

A sabedoria não é pura teoria, mas prática, exemplo, ação. Tendo claros o propósito e os objetivos, é preciso implementá-los, passar da intenção à concretização.

Uma vez, caminhando em um parque, Buda encontrou um cervo deitado no chão, ferido pela flecha de um caçador. Enquanto o cervo agonizava, dois sacerdotes *brahmani* discutiam em pé, perto do cervo ferido, sobre o momento em que a vida teria deixado o animal. Ao ver Buda chegando, chamaram-no para ouvir a sua opinião sobre isso. Ele os ignorou e foi socorrer imediatamente o animal. Retirou a flecha, deu-lhe assistência e salvou a sua vida.

 A SABEDORIA NÃO É PURA TEORIA, MAS PRÁTICA, EXEMPLO, AÇÃO. TENDO CLAROS O PROPÓSITO E OS OBJETIVOS, É PRECISO IMPLEMENTÁ-LOS, PASSAR DA INTENÇÃO À CONCRETIZAÇÃO.

Na parábola do bom samaritano (Lucas 10: 30-37), um homem caiu nas mãos de assaltantes que lhe tiraram as roupas e espancaram-no, deixando-o quase morto. Pela mesma estrada estava descendo um sacerdote primeiro e, depois, um levita. Ambos os religiosos, quando viram o moribundo, passaram pelo outro lado.

Um samaritano, considerado naquela época uma pessoa de segunda classe e indigna, passou também onde se encontrava o homem e, quando o viu, teve piedade dele, enfaixou-lhe as feridas, levou-o para uma hospedaria, cuidou dele e pagou todas as despesas. Às vezes o ser humano tem lindas, nobres e espirituais ideias na cabeça, mas não as põe em prática.

A pessoa carismática, ao contrário, tem o dom de "trazer a existência", de "dar vida" a ideias e intenções, de transpor os objetivos e os sonhos do plano invisível dos pensamentos ao plano visível das ações e dos resultados. Enquanto ela apresenta e fala de um objetivo, este se torna vivo, com energia, força e movimento. A pessoa carismática faz o que precisa ser feito com naturalidade e espontaneidade.

O trabalho de alicerces feito no nível da consciência, do autodomínio e da palavra correta possibilita que a pessoa carismática reconheça que o resultado não vem de ações sem nexo, desordenadas, incoerentes e sem foco, mas de um preparo interior que lhe permite que a ação seja mais eficiente, correta e que atinja o objetivo definido claramente. Como São Paulo diz na Primeira Epístola aos Coríntios (9: 26:) "Eu corro, mas não vou sem direção; eu luto, mas não como quem dá socos no ar.".

A pessoa carismática preparou e alinhou seus objetivos com os reais anseios da sua alma, atenta para que suas ações se desenvolvam em harmonia com o todo, agindo com base em seu próprio ponto de equilíbrio. Não age com agressividade ou violência, engano ou subterfúgio; caminha em cooperação e equilíbrio entre ela e o mundo, em direção à meta.

O fazer segue o ser. A ação que se desenvolve em um terreno fértil e preparado (consciência, autodomínio e palavra correta) é uma ação que acontece de maneira natural e espontânea. A preparação e a concentração antecipam a ação e isso facilita que a pessoa se fortaleça nas suas capacidades e se sintonize com sua força interior, para que a ação flua e se desenvolva de modo natural e eficaz e se torne também inspiração aos olhos das outras pessoas.

Segundo uma frase atribuída ao escritor e poeta Victor Hugo (1802-1885): "Amar é agir". As nossas ações se tornam a representação visível do nosso amor.

PARA EXPANDIR SEU CARISMA

Exercício
Deixar as pessoas mais felizes

Com gestos e ações simples, experimente deixar as pessoas do seu convívio melhores e mais felizes do que elas estavam antes de encontrar você.

Filme, metáfora para reflexão

- *A chave do sucesso* (1999), direção de John Swanbeck.
- *Batman Begins* (2005), direção de Christopher Nolan.

6.1 OBJETIVOS: PRESSUPOSTOS INDISPENSÁVEIS PARA O SUCESSO DO RESULTADO

Um dos maiores desafios do ser humano é definir aquilo que ele realmente quer viver, visualizar o objetivo a ser conquistado. Ocorre que muitas vezes passamos de uma ação a outra sem ter clara a direção e o real significado daquilo que estamos fazendo.

Negligenciar a definição dos próprios objetivos provoca perda de tempo, força, foco e direção. A mente fica dispersa e frágil diante dos imprevistos e das variáveis da vida; insatisfação e fracasso tornam-se uma condição habitual. De modo contrário, estabelecer os objetivos nos põe em condição de transformar algo potencial em algo real.

Os sonhos somente se tornam realidade quando você os transforma em objetivos e os concretiza com energia, foco, persistência e ações. Do invisível, para o visível. Por isso, estabelecer objetivos e se comprometer com eles leva ao sucesso, pois direciona pensamentos e organiza prioridades, decisões e ações.

 A PESSOA CARISMÁTICA, AO CONTRÁRIO, TEM O DOM DE "TRAZER A EXISTÊNCIA", DE "DAR VIDA" A IDEIAS E INTENÇÕES, DE TRANSPOR OS OBJETIVOS E OS SONHOS DO PLANO INVISÍVEL DOS PENSAMENTOS AO PLANO VISÍVEL DAS AÇÕES E RESULTADOS. ENQUANTO ELA APRESENTA E FALA DE UM OBJETIVO, ESTE SE TORNA VIVO, COM ENERGIA, FORÇA E MOVIMENTO. A PESSOA CARISMÁTICA FAZ O QUE PRECISA SER FEITO COM NATURALIDADE E ESPONTANEIDADE.

Lao Tsé (604 a.C.- 531 a.C.), filósofo da China antiga, já dizia:

> Aquele que conhece o próprio objetivo sente-se forte;
> essa força o torna sereno;
> essa serenidade assegura a paz interior;
> a paz interior permite a reflexão profunda.
> E a reflexão profunda
> é o ponto de partida de todo sucesso.

Definir objetivos oferece ao indivíduo a oportunidade de pôr em prática suas capacidades e suas potencialidades, permitindo, assim, que suas competências e seus talentos sejam utilizados e valorizados, fortalecendo sua autoconfiança, sua autoeficácia e o seu entusiasmo pela vida.

A pessoa carismática tem consciência de não cair na armadilha perigosa de só estabelecer objetivos "impossíveis" e "grandiosos", que bloqueiam a ação e paralisam o movimento, tornando-se álibis para não ação, desmotivação e desânimo. Ela busca objetivos importantes, éticos e possíveis para si mesma e para as pessoas ao seu redor. Mantém-se ancorada ao momento presente e à realidade. Sabe que os galhos não podem viver sem o tronco, as raízes e a terra que as recebe. Por isso ela se preparou, expandiu sua consciência e seu autoconhecimento para conseguir lidar com as adversidades e as variáveis do caminho e, assim, poder viver na sua totalidade e beleza.

Uma das coisas que mais adoro quando volto de viagem é poder reunir amigos e familiares em casa. Em um desses encontros estava um casal de amigos de que gosto muito. Quando todos já tinham saído, esse amigo compartilhou comigo a sua angústia de se sentir, naquele momento da sua vida, como se estivesse em um labirinto, indo de um lado para outro sem sentido e sem rumo. A sensação era de que não conseguia enxergar uma saída, escolher uma direção. Ele parou diante de mim e me disse: "Edu, não vejo possibilidades à frente, isso me deixa inseguro, ansioso e esgotado emocionalmente.".

Comentei com ele que muitas pessoas perdem tempo, força, foco e direção quando se iludem acreditando que o rumo vai aparecer sem que elas participem da definição da direção que querem para a vida delas. Quando não definimos os nossos objetivos, a mente fica dispersa e frágil diante de imprevistos e variáveis da vida. Naquele momento, pedi a ele que escolhesse três coisas importantes, para a sua vida, algo que fizesse seu coração vibrar quando pensasse nelas. Ele falou: "minha família, minha saúde e minha prosperidade". Respondi: "Muito bem, agora crie uma frase para cada contexto que você falou; coloque a frase no positivo, focando no resultado, em direção ao objetivo.". Estas foram as frases dele:

- *Eu amo minha família e cuido dela. Vivo em harmonia, amor e alegria com a minha esposa e o meu filho; nós nos apoiamos reciprocamente.*
- *Eu me exercito três vezes por semana, com disciplina e prazer, para ter saúde, bem-estar e longevidade.*
- *Eu sou merecedor de prosperidade. Realizo os meus projetos profissionais com resultados extraordinários e retorno financeiro.*

Eu lhe disse: "Muito bem. Essas frases são o ponto de partida para a realização desses objetivos, para depois fazer um plano de ação com atitudes concretas. Agora, cada uma delas funciona como uma bússola para orientar você. Especialmente quando se sentir perdido, como agora, utilize-as como um farol que indica a direção. Dessa forma você usa essa bússola para começar a ajustar e reorganizar a sua posição no mundo, focar o seu olhar, direcionar seu caminhar, usar o poder da atenção direcionada e alinhar o pensar e o agir a favor desses objetivos. Lembre-se: você merece tudo isso e muito mais.".

Esse exemplo pode servir a você também, caro leitor.

 QUANDO NÃO DEFINIMOS OS NOSSOS OBJETIVOS, A MENTE FICA DISPERSA E FRÁGIL DIANTE DOS IMPREVISTOS E VARIÁVEIS DA VIDA.

PARA EXPANDIR SEU CARISMA

Exercício
1. *O que realmente quero?*

- O que realmente quero?
Escreva aquilo que vem à sua mente, de modo instintivo.

2. *Mapa dos objetivos*

Faça um mapa geral dos resultados que você quer obter, nas diferentes áreas da sua vida (profissional, família/filhos; lazer/vida social/amigos; saúde; relacionamento; pessoal; finanças; espiritualidade, entre outros).
Dedicação não significa esforço, significa amor e cuidado com o seu objetivo. A realização dos objetivos acontece essencialmente por meio de duas qualidades: foco, que é a atenção direcionada; e intenção, que dá movimento ao objetivo.

> 3. *Objetivo-interferência*
>
> Indique os objetivos que você escolheu anteriormente e as possíveis interferências à realização deles, bem como as ações para superar essas interferências.
> Objetivo:
> Interferência:
> Ações para superar as interferências e potencializar o objetivo:
>
> 4. *Ancorar o objetivo*
>
> Formule uma frase, positiva e entusiasmante, para cada um dos seus objetivos.
> Repita as frases durante o dia, de maneira atenta e sentindo a emoção que elas despertam em você.

Filmes, metáforas para reflexão

- *Caminho da liberdade* (2010), direção de Peter Weir.
- *O grande ano* (2011), direção de David Frankel.
- *A invenção de Hugo Cabret* (2012), direção de Martin Scorsese.

6.2 FLEXIBILIDADE: SABER MUDAR DE ROTA PARA ALCANÇAR A META

Você já deve ter presenciado situações em que a falta de flexibilidade mental ou comportamental da pessoa, a incapacidade de mudar de opinião e direção quando necessário, criou sofrimento, dor e desespero. A falta de flexibilidade gera perda de energia. É como se a pessoa insistisse em abrir uma porta trancada, gastando assim toda a sua energia, ignorando as demais opções à sua disposição para encontrar alternativas que a levem ao objetivo. Ela perde de vista o significado maior do objetivo e se fixa nos elementos da realidade sobre os quais não tem controle. Quando tenho clara minha meta, posso caminhar por diferentes trilhas que me levam àquela direção.

Uma das qualidades mais importantes presentes nas pessoas carismáticas é a flexibilidade, ou seja, a capacidade de se mover de um ponto ao outro, sem ficarem presas aos obstáculos – internos e externos – mas transpondo-os. Essa flexibilidade baseia-se na certeza interior de que elas têm alternativas de ação e que o mundo é também um espaço de infinitas possibilidades, não é um inimigo do qual precisa se defender, gastando suas energias, mas um aliado para seus propósitos. Dessa forma, o comportamento flexível se torna gerador de energia, motivação e entusiasmo.

A pessoa carismática sabe que, no caminho entre a idealização do objetivo e a sua concretização, será necessário utilizar a flexibilidade e estar aberta a fazer ajustes. Nem sempre sabemos exatamente como chegar ao alvo, podemos ter uma ideia inicial, mas é muito provável que o processo de criação se desenvolva no decorrer do caminho, ao longo do qual aprendemos o que fazer e como fazê-lo, realizando os ajustes necessários, conforme as variáveis encontradas.

Uma pessoa carismática sabe filtrar interferências e distrações e manter o foco no propósito para atingir resultados extraordinários. Sabe reconhecer o que é objetivo e o que é interferência, o que é primário ou secundário dentro de seu propósito, de seus valores e de sua ética. Por exemplo, o objetivo é primário; como chegar lá é secundário, pode ser de várias e diferentes maneiras e por caminhos diversos, existem alternativas.

 Uma das qualidades mais importantes presentes nas pessoas carismáticas é a flexibilidade, ou seja, a capacidade de se mover de um ponto ao outro, sem ficar presa aos obstáculos – internos e externos – mas transpondo-os.

Secundárias são também as dificuldades que podem aparecer no caminho. Se nos fixarmos nelas, ficaremos emperrados, bloqueados. Por isso é necessário focar nossa atenção no que é primário, o objetivo e, assim, encontrar as soluções e fluir em direção ao resultado. Nesse caminho, reconheceremos o que é verdade e o que é transitório; o que é essência e o que é paisagem; o que é casca e o que é conteúdo.

Flexibilidade significa também estarmos abertos a aprender e a nos aprimorar, a fortalecer competências, em contínua evolução. Quando aprendemos algo novo, modificamos nossa percepção e ampliamos nossa compreensão, enxergando e entendendo algo que até então estava invisível aos nossos olhos. Quando aprendemos algo novo, por exemplo, sobre finanças, um mundo novo se abre, ou quando viajamos para um lugar novo, conhecemos a cultura, a história, a arte, as pessoas daquele lugar; quando aprendemos uma língua estrangeira, nós nos deparamos com novas maneiras de pensar e as agregamos às nossas. Assim, novas formas de agir surgem e se torna mais fácil transformar hábitos, pontos de vista, enxergar novas possibilidades.

A qualidade da perseverança vem com a flexibilidade. Com 6 anos e no primeiro dia de escola, não podemos escrever um romance. Quando o arquiteto lhe entrega o projeto da casa, ela não está construída. Não é porque foi colocada a semente na terra que, no dia seguinte, haverá uma árvore frondosa.

O ser humano tem a tendência, especialmente nos dias de hoje, de querer tudo ao mesmo tempo e bem depressa. É importante saber esperar os tempos certos e, se os resultados não forem imediatos, não desistir e recuar pensando "ah, isso não funciona"; "não consigo"; "não deu certo". Se pensarmos em curto prazo, não estaremos preparados para vislumbrar um projeto maior e em longo prazo, aguardar os tempos certos, a preparação e a maturação que antecedem um resultado.

O Dalai Lama diz que uma flecha pode ser lançada apenas puxando-a no arco primeiro para trás. Quando a vida surpreende você com as dificuldades, fazendo parecer que está andando para trás, bloqueando o movimento, não se desespere. Isso significa que, na verdade, você está sendo preparado para ser lançado em direção a algo maior. Esse é o momento para não desistir, não sucumbir à sensação imediata de derrota, mas se concentrar mais e continuar apontando para seu objetivo. Não o perca de vista. Concentre-se e foque o alvo.

 Quando aprendemos algo novo, modificamos nossa percepção e ampliamos nossa compreensão, enxergando e entendendo algo que até então estava invisível aos nossos olhos.

Há muitos exemplos de personagens conhecidos que representaram concretamente essa metáfora, como Thomas Edison (1847-1931), um dos mais renomados inventores da humanidade. Sua maior invenção foi a lâmpada elétrica. Edison nos presenteou com a sua famosa frase: "Eu não falhei, encontrei 10 mil soluções que não davam certo.". Outra interessante história é a do Coronel Harland Sanders, que, aos 65 anos, começou a Kentucky Fried Chicken (KFC), que se tornou uma das maiores redes de fast-food do mundo.

Tenho certeza de que você também tem na sua vida um exemplo próximo de flexibilidade e perseverança. Para mim, um exemplo muito especial foi a Liliana, minha sogra. Depois de sofrer um grave AVC que paralisou o lado direito de seu corpo e comprometeu sua fala, soube ser a guerreira que sempre foi durante toda a sua vida e, com garra e muita dedicação, fez dos seus dias uma contínua busca pela recuperação dos movimentos que havia perdido.

Com uma aceitação emocionante daquilo por que estava passando e sem nunca se queixar ou amaldiçoar o destino, direcionou sua energia, sua determinação, sua força de vontade e seu bom humor para a reabilitação. Ela soube deixar para as pessoas que a amavam uma imagem contínua na mente da grande bailarina que fora, pois soube continuar dançando a grande dança da vida.

 QUANDO A VIDA SURPREENDE VOCÊ COM AS DIFICULDADES, FAZENDO PARECER QUE ESTÁ ANDANDO PARA TRÁS, BLOQUEANDO O MOVIMENTO, NÃO SE DESESPERE. ISSO SIGNIFICA QUE, NA VERDADE, VOCÊ ESTÁ SENDO PREPARADO PARA SER LANÇADO EM DIREÇÃO A ALGO MAIOR.

Há pessoas que entram na nossa vida para ensinar até o último dia da existência delas, inspirando-nos mesmo depois que partem. Incorporar novas maneiras de pensar e agir pode ser um pouco demorado, pois as pessoas tendem a se acostumar a determinados conjuntos de pensamentos e comportamentos, fazendo seus cérebros terem uma maneira de reconhecer as situações e de funcionar de acordo com elas.

A cada dia que encontrava com Liliana, eu a via sempre corajosa. Com flexibilidade e perseverança, fazia as correções de rota necessárias no seu pensamento e nas suas atitudes. Ela se dedicou ao aprimoramento pessoal, ao cultivo de novas qualidades interiores, à meditação, ao relaxamento, ao trabalho de autoconhecimento e de muito suor na reabilitação ao pôr em prática tudo o que precisava ser feito.

O grande legado que ela me deixou foi este: Experimentamos; com coragem, ousamos. E se nem sempre conseguimos naquele momento, com flexibilidade e perseverança continuamos até vivermos a vida que merecemos viver.

Gratidão, Liliana, por ter entrado na minha vida.

PARA EXPANDIR SEU CARISMA

Exercício
1. Mudar comportamentos automáticos

Treine sua flexibilidade e sua perseverança mudando alguns comportamentos automáticos.

Por exemplo:

COMPORTAMENTO AUTOMÁTICO	O QUE QUERO FAZER DE DIFERENTE
CHEGO EM CASA DEPOIS DO TRABALHO, LIGO A TV E DURMO.	QUERO CHEGAR EM CASA, DAR UM ABRAÇO EM QUEM ESTIVER LÁ, TIRAR OS SAPATOS, TROCAR DE ROUPA E OUVIR AS PESSOAS SOBRE COMO FOI O DIA DELAS.
QUANDO ESTOU ANSIOSO, COMO DEMAIS.	RESPIRAR CONSCIENTEMENTE E SAIR DE CASA PARA CAMINHAR.

2. Flexibilize sua percepção

Escolha uma situação, evento limitante que você viveu ou está vivendo. Procure distanciar-se do evento e observá-lo.

Permita-se responder: "De quantas maneiras diferentes posso enxergar esse evento? O que ele pode me dizer, informar, ensinar?".

3. Existe outra maneira de olhar o mundo?

- Como eu escolho olhar o mundo?
- Como eu escolho me olhar no mundo?
- Como eu escolho que o mundo me veja?

Agora, permita-se completar conforme sua escolha:
Por exemplo:

- Eu olho o mundo de maneira diferente e nova:... *mais alegre e divertido.*
- Eu me olho no mundo de maneira diferente e nova:... *mais realizado e feliz.*
- O mundo me olha de maneira diferente e nova:... *determinado e focado.*

Filmes, metáforas para reflexão

- *História real* (1999), direção de David Lynch.

- *Piaf: um hino ao amor* (2007), direção de Olivier Dahan.
- *Amor impossível* (2011), direção de Lasse Hallström.

6.3 GRATIDÃO: A CHAMA ACESA QUE TUDO AQUECE

O filósofo, pedagogo e místico búlgaro Omraam Mikhael Aivanhov (1900-1986) definia a gratidão como uma força que desintoxica o organismo, neutralizando os venenos, renovando os nossos órgãos psíquicos e físicos.

Se mudarmos o estado interno de lamentações e vitimização para a gratidão, toda a nossa visão de mundo e da vida se modifica; toda a perspectiva se transforma, pois focalizamos assim a atenção e a energia, e não as impossibilidades, a escassez, a decepção e a dor, mas as possibilidades, as oportunidades e os resultados. Não estamos na ilusão de "não tenho" "não posso", "é difícil", "não sou capaz", mas utilizamos as nossas forças para atrair aquilo que realmente queremos viver.

Manter-se em uma condição interna de gratidão significa preparar o espaço interior para a felicidade e a prosperidade. Considere o seu passado perfeito, independentemente daquilo que aconteceu, pois tudo o que ocorreu permitiu que você chegasse até este momento presente da sua vida, pensando, sentindo, criando. Seja grato ao seu passado. Seja grato ao que você tem no presente. Seja grato a tudo aquilo que se manifestará no futuro.

Não considere a gratidão só como um efeito/reação depois que você ganhou um belo presente. É isso que geralmente acontece: sentimos gratidão por algo que já aconteceu na nossa vida e que já está manifestado; somos gratos pela família que temos, pelo trabalho, pelos amigos, e isso obviamente é ótimo e essencial! Contudo, são aspectos que já fazem parte da nossa vida, então podemos ir um pouco além desse tipo de visão e incluir mais um aspecto: sentir o sentimento de gratidão também por aquilo que ainda não se manifestou na realidade, mas que criamos na nossa mente; gratidão por aquilo que queremos, por nossos objetivos. Sinta-se grato agora pela realidade que se manifestará, sinta-se grato antecipadamente. Dessa forma, mudamos o ponto de vista: não é mais o passado que gera os acontecimentos presentes, pois inserimos nessa visão uma variável muito poderosa, que é a nossa intenção de gratidão. Assim, não ficamos apenas reagindo ao contexto externo, a algo que já aconteceu e que nos fez sentir felizes ou infelizes, alegres ou tristes, mas nos tornamos verdadeiros protagonistas da nossa realidade.

Manter-se em uma condição interna de gratidão significa preparar o espaço interior para a felicidade e a prosperidade.

A gratidão antecipada significa estar no momento presente e apreciá-lo, sentir-se merecedor e digno da prosperidade e da riqueza da vida e sintonizar-se com isso. Quando agradecemos antecipadamente com a certeza de que aquilo que já criamos na nossa mente e no nosso coração será realizado, fortalecemos um equilíbrio interno positivo e aberto para as circunstâncias favoráveis acontecerem; criamos, assim, um campo ao nosso redor propício à felicidade, ao bem-estar, à realização e à abundância.

O escritor e cientista Johann Wolfgang von Goethe (1749-1831) dizia: "A ingratidão é uma forma de fraqueza. Jamais conheci homem de valor que fosse ingrato.". Essa frase resume o significado mais profundo de ser uma pessoa carismática: ela escolhe não ser ingrata, *pois gratidão e carisma são, em essência, a mesma coisa.* As palavras *gratidão* e *carisma* nascem do mesmo sentido original. Gratidão vem do latim *gratia*, que significa "graça". Carisma vem do grego *chàrisma*, que deriva da *chàris*, e que significa, igualmente, "graça". Gratidão e carisma caminham juntos.

 Sinta-se grato agora pela realidade que se manifestará, sinta-se grato antecipadamente.

PARA EXPANDIR SEU CARISMA

Exercício
1. *Expandir a energia da gratidão*

Feche os olhos e respire profunda, ampla e suavemente. Imagine que diante de você está a sua linha da vida, o seu passado, o seu presente e o seu futuro. Assista ao filme da sua vida que se passa nessa linha sem julgamentos, expandindo a energia da gratidão para o que passou, para o momento presente e para os objetivos futuros.

2. *A pulseira*

Escolha uma pulseira de plástico (pode ser de outro material ou até mesmo outro objeto, como um anel) e, seguindo o exemplo da técnica descrita por Will Bowen no seu livro *Pare de reclamar e concentre-se nas coisas boas*, cada vez que você se queixar e reclamar de algo ou de alguém, mude a pulseira de pulso. Agregando mais um passo a essa técnica, agradeça mentalmente a situação ou a pessoa: por exemplo: "agradeço, pois algo melhor está por vir"; "agradeço, pois aprendo mais e mais"; "agradeço por me mostrar minha vulnerabilidade" etc. Mantenha a prática até perceber mudanças na sua percepção.

Lembre-se de que o objetivo do exercício – assim como de tudo o que falamos – não é estimular o sentimento de culpa: "ah, me queixei disso, não são sou bom o suficiente", ou "reclamei daquilo, não consigo fazer nada", mas é estar presente nas suas ações, expandir a consciência daquilo que está fazendo. Esse simples gesto ajuda a retomar a consciência daquilo que estamos pensando, falando e fazendo.

Filmes, metáforas para reflexão

- *Uma vida simples* (2011), direção de Ann Hui.
- *Livre* (2014), direção de Jean-Marc Vallée.

CAPÍTULO 7

O PESCADOR QUE PROCURA OS PEIXES

LEMBRO-ME DE UM PENSAMENTO DE ELIE WIESEL (1928--2016), ESCRITOR judeu, romeno, sobrevivente de um campo de extermínio nazista, que recebeu o Nobel da Paz de 1986. Ele dizia, em síntese, que, quando morrermos, formos para o céu e encontrarmos o Criador, Ele não nos perguntará por que não nos tornamos um messias ou por que não descobrimos um remédio para esse ou aquele problema, mas a única coisa que nos perguntará será: Por que você não foi você mesmo?

Quando eu era pequeno, passava muitas tardes na companhia do meu pai, na sua farmácia. Ele era um excelente farmacêutico e, por causa da paixão pelo que fazia e da dedicação aos clientes, era muito respeitado, sendo muito comum que recebesse agradecimentos calorosos. Quando os clientes saíam do atendimento com o meu pai e me viam com os meus 7 anos e o meu avental de atendimento, eles imediatamente paravam, abaixavam-se junto de mim e diziam: "Quando você crescer, seja igual ao seu pai!". Eu achava o máximo me dizerem que quando adulto eu poderia ser como meu pai.

Ele, ao notar esse fato, aguardava a pessoa deixar o local para me dizer, carinhosamente, algo que eu não entendia muito bem na época: "Filho, escute o seu pai: quando crescer, seja você mesmo!". Passaram-se anos e somente fui entender completamente aquela frase no dia do funeral do meu pai, quando as ruas estavam cheias de pessoas que o admiravam e amavam. Entendi então a extensão e a profundidade daquela frase: não vire as costas para a sua vida, única e preciosa; use os seus dons, não tenha medo da sua unicidade e da sua luz. Seja você mesmo. Não perca tempo querendo ser outra pessoa, não gaste energia no esforço de aparentar quem você não é, não deixe de expressar seus talentos, desenvolva ao máximo suas potencialidades e suas qualidades, seus dons, no significado original da palavra "carisma".

Quando isso acontece, você encontra a sua área de excelência, o seu poder pessoal, a sensação de estar no lugar certo no momento certo. É este o objetivo do livro: um percurso de reencontro com o poder da sua presença, que começou com a jornada interior, com a expansão da consciência e, consequentemente, a percepção de quem você é na essência. Continuamos em direção ao autodomínio, ao aprimoramento no direcionar a sua força criativa no rumo escolhido. Chegando ao cuidado com a comunicação, seja verbal, seja não verbal, como instrumento de criação da realidade e de relacionamentos sólidos. E, enfim, a ação concreta para expandir a sua capacidade de realização.

A reflexão individual dessas linhas-guia – consciência, autodomínio, comunicação e ação – bem como sua prática fornecem a base e a inspiração para o começo de um caminho de descoberta e fortalecimento do carisma pessoal e da expressão da própria unicidade, para construir as condições por meio das quais as mudanças internas possam ser traduzidas e manifestadas na realidade externa, criando novas experiências – plenas, vibrantes e felizes.

A base para a conquista do carisma essencial passa pelo reconhecimento de que é possível desenvolver o carisma e se resume na aceitação de si mesmo por meio do profundo conhecimento da própria natureza interior, ponto de partida para o desenvolvimento das próprias competências, da capacidade de absorver as experiências da vida de maneira produtiva e empoderadora, para a autorrealização e a evolução do todo.

Para encontrar o caminho do carisma é necessário fazer como o pescador que procura os peixes. Para encontrá-los, ele deve olhar dentro da água, porque fora dela não há peixes. Da mesma forma, para desenvolver o próprio carisma, é preciso procurá-lo dentro de si mesmo. O carisma é, essencialmente, filho da consciência individual, do autodomínio, daquilo em que a pessoa acredita, daquilo que pensa, fala e faz. É a conexão com a própria identidade autêntica, original e criativa, alimentada pelo equilíbrio, pelo bom humor, pela capacidade de estar aberto a ouvir o outro, de olhar o mundo com novos olhos e, especialmente, de aceitar a si mesmo com as próprias vulnerabilidades, seus dons, seu brilho e seu entusiasmo. Quando você consegue reconhecer isso – sua unicidade como indivíduo –, mesmo não tendo o peso ideal, a altura perfeita, a cor dos olhos que quer, você estará no caminho certo para desenvolver o carisma.

Estamos sempre em contínua evolução, ampliando a percepção da realidade e o conhecimento sobre nós mesmos e sobre a própria vida. Continue sonhando, mantenha o seu caminhar, deixe fluir suas emoções e fortaleça as suas ações, apesar da imagem cotidiana, convencional e, por vezes,

> **Você tem o poder da presença, a habilidade de tornar maravilhosa a sua vida, de viver o seu propósito, de compartilhá-lo com os outros, de se emocionar com a sua vida e de emocionar as pessoas.**
> **Esse é o convite que faço a você por meio deste livro.**

cansada de enxergar você mesmo. Olhe melhor, um pouco mais de perto, dentro dos seus olhos. Isso mesmo, bem aí. Você encontrou o seu brilho, a sua luz, a sua essência, a sua unicidade, o seu carisma. E também a emoção de sentir a liberdade, a perfeição e a beleza de ser você.

Você tem o poder da presença, a habilidade de tornar maravilhosa a sua vida, de viver o seu propósito, de compartilhá-lo com os outros, de se emocionar com a sua vida e de emocionar as pessoas. Esse é o convite que faço a você por meio deste livro.

Como diz uma máxima atribuída ao filósofo e poeta Ralph Waldo Emerson (1803-1882): "O que fica atrás de nós e o que jaz à nossa frente têm muito pouca importância, comparado com o que há dentro de nós.". Assuma a responsabilidade pela sua evolução, faça vibrar em profundidade todo o seu ser na energia do seu carisma, da realização, dos resultados e da alegria de viver.

 Parabéns a você por ser quem você é!

REFERÊNCIAS BIBLIOGRÁFICAS

BOHM, David. *O pensamento como um sistema*. São Paulo: Madras, 2007.

BOUKARAM, Christian. *O poder anticancro das emoções*. Lisboa: Nascente, 2015.

BOWEN, Will. *Pare de reclamar e concentre-se nas coisas boas*. Rio de Janeiro: Sextante, 2009.

BRADEN, Gregg. *La guarigione spontanea delle credenze*. Forlì Cesena: Macro Edizioni, 2008.

CHOPRA, Deepak; TANZI, Rudolph E. *Supercérebro:* como expandir o poder transformador da sua mente. São Paulo: Alaúde, 2013.

DAMÁSIO, António. *O erro de Descartes:* emoção, razão e o cérebro humano. São Paulo: Companhia das Letras, 2012.

_____. *O mistério da consciência.* São Paulo: Companhia das Letras, 2000.

DILTS, Robert B. *Scopri il segreto del carisma:* strumenti pratici per il successo. Rimini: Edizioni MyLife.it, 2009.

DISPENZA, Joe. *Deja de ser tú.* Buenos Aires: Ediciones Urano, 2012.

EMOTO, Masaru. *As mensagens escondidas na água.* Lisboa: Estrela Polar, 2006.

FRANKL, Viktor E. *Em busca de sentido.* 34. ed. São Leopoldo: Sinodal; Petrópolis: Vozes, 2009.

_____. *Psicoterapia e sentido da vida.* São Paulo: Quadrante, 1973.

GIBRAN, Gibran Khalil. *O profeta.* Rio de Janeiro: Associação Cultural Internacional Gibran, 1975.

GOETHE, Johann Wolfgang Von. *Máximas e reflexões.* Lisboa: Guimarães Editores, 1997.

GOLEMAN, Daniel. *Liderança:* a inteligência emocional na formação do líder de sucesso. Rio de Janeiro: Objetiva, 2015.

GRÜN, Anselm. *Sabedoria dos monges na arte de liderar pessoas.* Petrópolis: Vozes, 2007.

HANEY, Bud; SIRBASKU, Jim; MCCANN, Deiric. *Leadership Charisma.* Texas: Hardcover, 2011.

HANSON, Rick. *O cérebro de Buda:* neurociência prática para a felicidade. São Paulo: Alaúde, 2015.

KANDEL, Eric R. *Em busca da memória:* o nascimento de uma nova ciência da mente. São Paulo: Companhia das Letras, 2009.

KRIYANANDA, Swami. *Educare alla vita*. Perugia: Ananda Edizioni, 2011.

NABBEN, Jenny. *Influence:* what it really means and how to make it work for you. New York: Pearson, 2013.

PERT, Candace. *Conexão mente corpo espírito*. São Paulo: Prolibera, 2009.

RAMACHANDRAN, V. S. *O que o cérebro tem para contar:* desvendando os mistérios da natureza humana. Rio de Janeiro: Zahar, 2014.

RIZZOLATTI, Giacomo; GNOLI, Antonio. *In te mi specchio*. Milano: Rizzoli, 2016.

TAN, Chad-Meng. *Busque dentro de você*. São Paulo: Novo Conceito, 2014.

TSÉ, Lao. *Tao Te Ching:* o livro do caminho e da virtude. Rio de Janeiro: Mauad, 2011.

TAYLOR, Jill Bolte. *A cientista que curou seu próprio cérebro*. Rio de Janeiro: HarperCollins Brasil, 2008.

WILDE, Oscar. *O retrato de Dorian Gray*. São Paulo: Companhia das Letras, 2012.

SITES VISITADOS

Dadabhagwan.org – Param Pujya. Disponível em: <http://br.dadabhagwan.org/spiritual-masters/pujya-dadashri/about-gnani-purush/>. Acesso em: maio 2017.

Monja Coen Sensei. Disponível em: <http://www.monjacoen.com.br/textos/textos-da-monja-coen/71-hoje-eu-sei>. Acesso em: maio 2017.

Why The Buddha Smiled, por Marianne Marquez. Disponível em: <http://www.thebuddhasmiled.com>. Acesso em: abril 2018.

SOBRE O AUTOR

EDUARDO SHINYASHIKI é palestrante, escritor e conferencista nacional e internacional com mais de trinta anos de experiência no Brasil e na Europa.

É Mestre em Neuropsicologia e referência em desenvolvimento das competências de liderança e do potencial humano. Sua missão é ampliar o poder pessoal e a autoliderança das pessoas por meio de palestras, mentorias, treinamentos, formações e livros, para que elas obtenham resultados brilhantes e performances extraordinárias em suas vidas.

Especializou-se no estudo dos aspectos emocionais, mentais e físicos do ser humano, com os profissionais mais renomados dos Estados Unidos, da Europa, da América do Sul, do México e da Índia, que o levou a desenvolver a **técnica de Leitura Corporal Inner Vision**, que proporciona o domínio de uma comunicação completa e poderosa; o **treinamento Namastê,** que desenvolve e fortalece a competência emocional e a autoliderança; e a **formação Power Professional,** que conduz o profissional a um estado de empoderamento e a atuações extraordinárias na vida e na carreira, com um direcionamento preciso para o sucesso profissional!

Presidente do Instituto Eduardo Shinyashiki, o especialista já formou milhares de pessoas fortalecendo o carisma, a autoconfiança, a maestria na comunicação e as competências pessoais para viverem em alta performance e alcançarem a autorrealização.

É autor dos livros *Viva como você quer viver*: 5 passos para a realização, *A vida é um milagre*: a transformação pelo poder pessoal e *Transforme seus sonhos em vida*: construa o futuro que você merece. Colabora periodicamente com artigos e entrevistas para os mais importantes veículos de comunicação do país.

ACOMPANHE O AUTOR EM:

WWW.EDUSHIN.COM.BR

ACESSE O SITE E RECEBA UM PRESENTE
PREPARADO ESPECIALMENTE PARA VOCÊ:

WWW.OPODERDOCARISMA.COM.BR

CONHEÇA OUTROS TÍTULOS DO AUTOR

VIVA COMO VOCÊ QUER VIVER

A VIDA É UM MILAGRE

TRANSFORME SEUS SONHOS EM VIDA

Este livro foi impresso
pela gráfica Rettec
em papel pólen bold 70 g/m²
em julho de 2020.